麦克法兰自选集

JAPAN THROUGH
THE LOOKING GLASS

日本镜中行

〔英〕艾伦·麦克法兰 著

管可秾 译

商务印书馆
The Commercial Press
创于1897

图书在版编目(CIP)数据

日本镜中行/(英)艾伦·麦克法兰著;管可秾译.—
北京:商务印书馆,2022
(麦克法兰自选集)
ISBN 978-7-100-20296-1

Ⅰ.①日…　Ⅱ.①艾…②管…　Ⅲ.①文化研究—
日本　Ⅳ.①G131.3

中国版本图书馆 CIP 数据核字(2021)第 173773 号

麦克法兰自选集

日本镜中行

〔英〕艾伦·麦克法兰　著

管可秾　译

商 务 印 书 馆 出 版
(北京王府井大街 36 号　邮政编码 100710)
商 务 印 书 馆 发 行
北京通州皇家印刷厂印刷
ISBN 978-7-100-20296-1

2022 年 3 月第 1 版　　　　开本 710×1000　1/16
2022 年 3 月北京第 1 次印刷　印张 20
定价:98.00 元

献给罗莎

愿她将来有一天也能走进镜中日本

多年前，我平生结交的最好的日本朋友在去世前不久对我说："再过四五年，当你发现自己根本不能了解日本人的时候，那就是你了解日本人的开端。"现在，既然我已经认识到这位朋友的预言多么正确——既然我已经发现自己根本不能了解日本人，我觉得比较有资格尝试写这本书了。

小泉八云：《日本：解读之尝试》，第9—10页

然而实际上，……面纱背后什么也没有。日本人令我们费解，不是因为他们太复杂或者太奇怪，而是因为他们如此简单。我说简单，并不表示日本缺乏多样性元素。……即使最平凡的日本人，他的宗教行为也是极其复杂的。……我们之所以觉得日本人的心灵既异质又深奥，其原因不在于他们心理上有太多矛盾的元素，而在于这些元素之间好像根本没有矛盾。

库尔特·辛格：《镜·刀·珠》，第47页

"我简直不能相信！"爱丽丝说。

"不能吗？"女王的语气透出点儿怜悯："再试试吧——吸一口长气，闭上眼睛。"

爱丽丝笑了。"试也没有用，"她说，"一个人没法相信不可能的事情哪。"

"我敢说那是你练习得不够，"女王说，"我像你这么大的时候，每天总要练半个钟头的。嘿，有时候，早餐以前我已经相信了六件不可能的事情呢。"

刘易斯·卡洛尔：《爱丽丝镜中游》

目　　录

序

结伴而行

当爱丽丝进入奇境和穿越镜子的时候，她遇见了无数"奇人"，xi
他们纷纷为她解释他们的奇特世界，设法消除她的疑惑。同样，本
书也是我与友人多次谈话、采纳多方意见、依靠众人支持的结果。
自从我与妻子莎拉首次访问日本以来，十六年匆匆而过，其间我得
到了许多人的帮助，但在这里，我只能向少数几位表示感谢。

认知日本绝非易事。如果没有中村健一教授和中村敏子教
授——下称健一和敏子——这两位日本朋友的帮助，我的尝试只会
彻底失败；如果我不得不首先花上好几年工夫学习说日语和读日
文，我就不会有时间开展本书自始至终都在进行的各文明的比较研
究。不会说日语，也不会读日文，我自然大力依靠当地的消息提供
人士。譬如，日本好几位重要的历史学家、人类学家和政治哲学家
的代表作就不曾译成英文，我只能依靠健一和敏子概括介绍的他们
的思想和观点。

我们曾多次与健一和敏子讨论本书涉及的主题。迄今我和妻
子已经访日六次，每次都与他们会面，并且经常结伴云游日本。无
论是我们访日期间，还是他们访英期间，我们总是无休止地提问，
他们则尽力赐教，仿佛义不容辞。他们这样做，部分原因在于他们 xii
对英格兰文化也深感兴趣，部分原因在于他们希望表述自己观察日
本的结果，表达由此而生的向英格兰学习的渴望。在日本，求知欲
使我们变成了他俩的"孩子"，他们走进我们的无知世界，亲切地带
领我们一步步走向理解。用英语工作需要移译，所以他们的交流负

担比我们沉重。

为了认识那些极其精明而且消息灵通的当代日本学者，必然需要最恰当的中间人。健一和敏子利用自己的学术关系，介绍我们认识了一批对日本问题有着深刻思考的学者，为无数次极有价值的讨论创造了条件。

对于日本学者来说，开诚布公地批评外国长辈学者也非易事。但是我们的两位朋友格外直率，也非常自信，因此成为了出色的合作者和批评家。抱着诚恳的态度和原创的精神，他们评阅了我的大量草稿和论文。

我们的合作始于一封邀请函——请我讲讲西方的浪漫爱情观[①]。而我们双方由此发展起来的跨文化友谊，正是另一种形式的爱，令我和莎拉深为感动。这份爱不仅体现在知识和社交方面，也体现在他们为实现合作而做的许多琐事中。特别值得提到的是，健一为我们的大多数访日行程解决了资金问题，否则，频繁访问这样一个国度必然会昂贵到令人却步。

既然本书实际上是一个共同探索的故事，是一番双方试图理解对方历史和文化的长期对话，那么，恰当的做法也许是在扉页上标明本书的合作关系。不过我们双方一致同意不这样做，理由很简单：尽管本书直接或间接引用了健一和敏子的见解，但是最终，构思和写作本书的仍是我自己。他们并不完全同意我所写的一切。因此有必要强调，纵然我们在一个联合研究项目中的互相合作渗透

xiii

---

①　作者曾专题研究英格兰的浪漫爱情以及建立在浪漫爱情基础上的婚姻，著有 *Marriage and Love in England: 1300—1840*（1986 年）一书。［本书注释全部为译者所加。］

了本书的始末，但对本书观点负全部责任的却是我本人。

在力图认知日本的探险旅途中，还有很多人给予了我们大力支持。健一和敏子全家人都让我们备感温暖，在共同相处的日子里，为我们洞察日本生活提供了宝贵的机会。感谢中村三郎、中村百合、中村爱；感谢柏木澄江、柏木道夫、柏木绫子；感谢伊藤仁彦、伊藤文子、伊藤淳。

我的日本和韩国研究生也让我学到了很多东西，他们是：索尼娅·梁、原麻里子、芦刈美纪子、佐藤淳。其中，佐藤淳阅读了本书各阶段草稿，提出了大量有益的批评和新颖的见解，我要向他表示特别的感谢。芦刈美纪子阅读了本书的部分内容，作出了中肯的评论。我的另外几位博士生，米蕾耶·凯撒、斯里亚纳·达斯和马娅·彼得洛维奇，阅读了初稿的部分内容并提出了一些新观点。

我也和一些西方专家讨论过日本问题，获益匪浅。他们是：卡门·布雷克、伊恩·英克斯特、阿瑟·斯托克温、罗纳德·多尔、安德鲁·巴尔沙伊。与温德福尔电影公司的大卫·杜根和卡洛·马萨瑞拉一起在日本拍片是极大的快乐，帕特里克·奥布赖恩多年的支持和长期的兴趣同样弥足珍贵。

还有许多朋友细读全书草稿并提出了改进意见。感谢加布里埃尔·安德雷德、安德鲁·摩根、马克·杜林（他总共读过三稿）。哈维·怀特豪斯对"信仰"一章作出了有益的评论。苏珊·贝里博士阅读了两个章节，提出了建设性的意见。

在日本，我有幸与许多著名专家就日本的历史和社会展开持

久的讨论，其中包括来自各专业的以下几位教授：大泽真幸、安东
xiv 尼·柏克豪斯、陈省仁、刘部直、桑山敬己、真壁仁、松尾尊兊、樱
井英治、山岸俊男、柳町智治、横山十四男、吉川洋。我尤其要感
谢渡边浩，三次访日期间他都与我们相见，还对本书的几次初稿作
出了评论，而且不吝时间，向我们讲解日本的历史和政治结构。

　　我们和不少日本学者结成了朋友，与他们持续讨论问题——时
而在他们家中，时而在同游日本的旅途中，时而在他们访英的日子
里。他们是：远藤乾、他的妻子希尔达·加斯帕·佩拉、他的女儿
安娜，此外还有船曳建夫、速水融、工藤正子、杉原熏、杉原伸子、
中西洋、中西姬子、落合惠美子、斋藤修、斋藤信子、田村爱理和她
的丈夫山影进。

　　与普罗菲尔出版社一起工作永远是一桩快事，我要特别感谢约
翰·戴维和彼得·卡森，他们在初始阶段就阅读了书稿，还给予了
热情的支持。彭妮·丹尼尔、尼古拉·塔普林以及出版社的其他成
员也一如既往，给予了我大力的支持并展现了卓著的工作效率。克
莱尔·佩利格里非常认真地阅读了打印稿，极大地改进了行文风格
和语法，所以本书在很大程度上应当归功于她。

　　给予我最大帮助的友人之一是格里·马丁——我深切怀念的逝
友。格里和他的妻子希尔达几度和我们结伴而行，并多次与我讨论
日本问题。格里永远都是那么富于洞察力，在他给予我的无数援助
之上，又添加了随时为这项研究提供资金的义举[1]。其他的资助者包

---

　　[1]　格里·马丁生前是欧陆公司常务董事和联合创建人，长期从事玻璃研究，曾与
本书作者合著 *The Glass Bathyscaphe: How Glass Changed the World*（中译名《玻璃的
世界》，商务印书馆 2003 年）一书。

括英国文化协会、日本文部科学省、剑桥大学、东京大学、北海道
大学全球管理项目、剑桥大学国王学院研究中心。剑桥大学社会人
类学系和国王学院提供了适于创造性工作的良好环境,我的学生们
则是我持续不断的灵感之源。

我的母亲艾丽斯·麦克法兰始终激励着我,为我树立榜样,并 xv
在多个主题上与我合作。我事业上受到的多种影响之一,就是她对
佛教和亚洲文明的热爱。在此,我愿借一点篇幅,赞扬这位优秀的
作家、诗人、画家、哲学家和语言学家——痛哉,就在我酝酿本书的
最后日子里,她溘然长逝。

像往常一样,我最深切的感恩归于我的妻子莎拉。我们一直相
偕探索日本。她对我的帮助之大,我无以言表。本书的许多见解是
我俩共有的。若无她的支持、激励和多次细读,本书不可能写成。
最重要的是,她带给了我一个快乐的天使,那就是我的小(继)外孙
女罗莎。现在我把这次思想探险献给罗莎,作为写给她姐姐莉莉的
那些信札①的姐妹篇。

---

① 指作者此前所著 *Letters to Lily: On How the World Works*(中译名《给莉莉的
信——关于世界之道》,商务印书馆 2006 年)一书。

1

走进镜中日本

幸事多始于偶然，我的日本探险也如此。1990 年初，英国文 化协会邀请我赴日做访问学者。协会的愿望是派遣一位英国学者在日本住上一两个月，授几次课，建立往来关系。他们问我是否有兴趣。我动心了，因为，此前我已读过有关日本北部阿伊努人的著作，早就想探访他们，更何况，我日常读书时还遇到过英格兰和日本之间的相似性的问题。我得知，正式邀请函来自北海道大学法学部的中村健一教授。后来我竟发现，我正是别人力劝健一邀请的对象——原来，健一的妻子敏子读过我那部关于英格兰的爱情和婚姻的著作[①]，兴意盎然。我接受了邀请。

首次访问日本以前，我对它近乎一无所知，仅仅知道它是中国以东的一列细长群岛。我想当然地认为日本或多或少是中国的缩影，认为在大部分历史时期，日本使用着与汉语大致相同的语言，拥有与中国相似的艺术和美学、相似的家庭体系、相似的宗教（佛教和儒教）、相似的农业和饮食（稻米和茶叶）、相似的建筑风格，认为中日两国都实行过帝制，直到近代两国才各奔东西，中国变成了共产党国家，日本变成了资本主义国家。

我还知道，日本是一个超级现代的、高效的国家，是一亿多人的家园。此外，日本是亚洲第一个持续了两代人以上的工业国家和世界第二大经济强国。从远处看过去，日本好像是一个微型的现代

---

① 见本书"序"，第 xii 页［指边码；以下均此］注释。

资本主义社会，科学发达，拥有极其巨大的城市、勤奋的劳动者、畅达的运输系统、精美的艺术和工艺，并以工程技术和电子技术闻名于世。

我和日本人没有私交，但我听说他们为人矜持，大多戴着眼镜。往昔有些日本人是武士——还有几部精彩的电影描述日本历史上的武士时代呢。我又听说，日本人吃生鱼之类千奇百怪的食物，喝一种叫作米酒①的谷酿酒。在传统日本社会，男人们与那些叫作艺妓的妇女过着一种自由的性生活。

如果有人叫我把我的先入之见列成一张对照表，则可能如下述：正面的条目包括优美的工艺美术、精巧的器械装置、精致的寺院和花园、崇尚荣誉的武士文化、茶道仪式和茶道伦理、引人入胜的游戏和艺术——如相扑和歌舞伎；负面的条目包括日本在二战中的军事行为、暴烈的自杀、有组织的犯罪和野寇崽②、过度的从众心理、环境污染和市容杂乱、暴力色情文艺。本书将尽力分析这些印象的成因，也将尽力消除我自己的偏见，纠正我出于无知的判断。

我之所以再次罗列这一堆成见，是因为它们很可能引起你的共鸣。你或许不仅了解其中的一部分，而且对于我当时不知道、后来却已跻身为世界性文化的某些事物产生了印象，譬如叫作卡拉OK的群唱活动，或者日本漫画书籍。你或许看过几部刻画日本生活的近期电影，极有可能看过热门片《迷失东京》，它正好谈到了跨文化理解的困难。你大概满脑子是一幅歪曲而混乱的图画，恰如我

---

① 原文为斜体字 *sake*，表示是英译日文。本书出现大量这类情况，译者直接将其译成中文，以下均此。

② 野寇崽，日本的一种黑社会组织；详见第5章，尤见第138、139页。

四十八岁那年与妻子莎拉首访日本时一样。

我当时并不认为自己站在种族中心主义的立场。以往我也曾 3
走出我所知道的唯一文化、走进不同的文化，但从未感到太大的震
撼——如我遭遇日本时那种日益强烈的震撼。我承认我主要研究欧
洲和英国的历史和文化，而且在英格兰生活了四十年之久，但我自
恃，我毕竟也在尼泊尔住过十八个月，五度访问我在那里的人类学
研究点，还顺路去印度各地旅行过，况且，我在剑桥大学执教人类
学已有十六载，读过和教过世界各地的部落文化、农民文化①以及
现代文化，还指导过许多学生从事相关研究。然而，今天我终于明
白：我当时确实抱有一系列基本上未经验证的定见，有碍我理解即
将邂逅的日本文化。

我怀着过分简单化的概念奔赴日本，满以为世界上只有两种主
要的社会形态。其一是不区分领域的②、以口传为主的非文字化社
会，比如我在书中读到的非洲、南美洲和太平洋地区的那些社会，
或者我在尼泊尔探访过的社会。它们是"入魅的"③，因为它们不把

① 农民文化，peasant culture。本书作者对农民文化／文明／社会有长期研究，
曾著有 *The Origins of English Individualism*（中译名《英国个人主义的起源》，商务印
书馆 2008 年）、*The Culture of Capitalism* 等书，讨论与此相关的问题。

② 不区分领域，是指这类社会将政治、宗教、经济、艺术等等领域混在一起，不
加区分。见下文和下面各章的论说。

③ 本书多次出现的"入魅"（enchanted, enchantment）一说，系从马克斯·韦伯
的社会学术语"除魅"（disenchantment，或译"去魅／祛魅"）脱出。韦伯的"除魅"，是
指以理性化消除神话、以降低神秘主义价值的过程。一个"除魅的"世界是一个现代化、
世俗化的世界，一个"入魅的"世界则相反。

超自然世界从自然世界中区分出来；它们是"互嵌的"，因为它们不把经济从社会中剥离出来。这些地区是人类学研究的关注焦点。它们是些小小的、经常边缘化的世界，在主流文明的边陲地带奋力维持着自己的"他者性"。

其二，大约一万年前，诞生了一批拥有货币、文字、城市和复杂技术的文明。它们最初是农民文明，在那里，经济仍未脱离亲属关系，宗教和政治仍未分离开来。至于那些将经济、亲属关系、政治、宗教分离开来的国家，从理论上说，它们迟至五百年前才诞生，由此成为现代世界的先声。

我期望在日本发现的就是一个现代文明，已从整体上迁离了那种不区分领域的社会类型。我以为，无论日本的表现形式如何，反正它是全世界主流文明体系中的一个变体；推而广之，那么，法国、英格兰、美国、印度或中国虽然彼此相异，但无疑也都处在同一种世界历史进程的秩序之内。即使这些国家没有达到彻底的"现代"，也已具备了现代性的大部分元素。

当时的我，在许多方面酷似那位漫游镜中世界的爱丽丝——一个非常自信的英国中产阶级女孩。我对自己的分类怀着十足的把握、信心和未经验证的推定。我甚至从未考虑日本有可能挑战我的分类。唯一要考虑的问题，只是看看日本到底适合归入哪一类。

在科伦坡暂时丢了行李虚惊一场以后，我们抵达东京附近的成田机场时已经恢复了兴致，足以安心等待航班，飞往日本北部岛屿北海道的札幌市了。根据我和妻子共同日记中的记载，我们的第一印象含有一丝失望：日本看起来是这么熟悉，这么平淡无奇。

"中村教授在札幌接机。他开车载我们去往市区，从机场到市区颇有一段距离。沿途仍无惊人之处。日本人像我们一样在左边驾驶；道路、房屋、路标等等看上去与英格兰任何大城市无异。"北海道大学拨给我们的那套公寓"舒适而西化，其中没有太多东西表明'我们是在日本'。与中村夫人一同去购买食品杂物，除了食品范围之广——鱼类尤其多多——以外，商店里也无特别惊人之处。"

我们访问了美丽的林荫道合围中的北海道大学，发现它表面看来与英国的很多大学区别甚微，唯一令我吃惊的是他们没有计算机。我们又拜访了中村教授的公寓，震惊于它的狭小和拥挤。一家人显然不得不睡在其中一个房间的地板上，而这个房间还要兼做客厅。家具很简单，也不贵重，故而我们写道："真奇怪，我们发现日本的累累财富居然没有带来一种令人印象格外深刻的生活水准。"

对于西方访客在日本的可能的体验，以上描述只是些许提示。还有，日本的大城市与西方城市多么相似啊，车流、商店、地铁全 5 都熟悉得足以麻痹我们，让我们以为自己远渡重洋的目的只是为了寻找一个与故乡大同小异的国家。气味、景物、声音、形状确实不同，但与我们熟知的秩序非常接近。

一旦与东道主开始交谈，并启程访问一系列日本机构，这一丝失望便悄然消融，相反，一种另类的感觉、一种对陌生而奇特事物的体味油然而生。如同爱丽丝在"镜中世界"发现的那样，熟悉的东西开始呈现不太熟悉的甚至相当怪异的面貌，虽然每一种怪异都能找到某种说辞予以解释，却还是令我们越来越惊奇。

我们拜访的那些寺庙，看上去既非彻头彻尾的宗教场所，也绝非世俗场所。7月1日我们去参观札幌以西的一座神道教神社。天气炎热，匆匆午餐之后，我们步行前往树木葱茏的小山脚下的目的地。下文摘自我们的日记：

> 震惊于它的宏伟和瑰丽。清一色木制镶金。我们惊喜地发现一场礼拜正在进行，于是蹭进去坐下来。整个殿堂宛如一座剧台，而且能站在外面观看。不知道冬天会怎样，反正此刻是很迷人的。殿堂的内部同样动人。一位僧侣跪在圣坛前诵经，除他以外，仅有的"表演者"是三位青年女子。少顷，其中一位打起鼓来，另外两位翩翩起舞，那位僧侣则吹笛、敲鼓，为她们伴奏。我们获悉，"观众"大都是抱着孩子来祈福的父母。俨若我们西方的洗礼命名仪式。有些母亲和祖母身穿和服。……庄严妙相令人感动，但是整体感觉很像一座英格兰教堂。庭院里一片忙碌，有人在给参拜者照相，有人在售卖护身符。某一刻我们又发觉，传统的神社外墙背后竟然掩藏着一间间现代化的办公室！很多参拜者购买瓶装米酒做礼物，看来神道教僧侣们日子过得不错。我们恍惚觉得神社后面还有一幢建筑，想去看看，结果发现自己来到了一座棒球场的外面，神社的鼓声遂让位于拉拉队长的欢呼。

在这里，我们突然踏入了一个高度仪式化的世界，既熟悉又陌生，神道教与棒球互相混合，实用主义的活动与表面上存续至今的宗教彼此交融。这种感觉不断袭来，就像我们漫步剑桥的当儿，时不时便会走出 21 世纪的喧嚣，踏入一片永恒而宁静的中世纪的天地。

7 月 3 日，我们随敏子参观她大女儿就读的学校，在那里度过了将近四个钟头，一整天听她女儿的课，中途和孩子们一起吃午饭。我们写道：

> 午饭后随即拍集体照，接下来我们通过敏子向孩子们提问，问题的性质与我们问尼泊尔儿童的问题相似。这些十岁大小的日本孩子自信而果断，毫不怯场地回答了所有问题——从常识直到其未来生活的私密细节，譬如将来是为爱情而结婚呢，还是遵从包办婚姻。……也许唯一真正奇特的地方，是他们对宗教问题的回答。我们问："日本有多少种宗教？"只有一个人猜测说有四五种，其他人不知道"宗教"是什么意思。我们被告知，"宗教"这一概念无法移译成日语。此前我们已经形成一种印象，日本似乎是神道教、佛教、儒教三教混合，再掺入一点基督教，我们就是据此而提问的。但是，当我们问起孩子们是否知道这些宗教的创始人叫什么名字时，仅仅一两个孩子有点儿模糊的印象。其中一个孩子答出了佛陀，却不知道佛陀创立了哪一种宗教。没有一个孩子听说过孔子。敏子猜测说，原因可能在于神道教根本不是一种"宗教"。这一切简直匪夷所思，需要进一步求解。

7 月 10 日的日记内容是：

在法院度过了大半天。首先访问札幌高等法院,即日本八所高等法院之一。总共旁听了三个案件:一个逃税案,一个危险行为案,一个入室行窃案。三名被告都与团伙犯罪和黑帮有联系。我们和众位法官在一座宴会大厅共进午餐,大厅也承办婚礼,位于法院附近。……尔后去家庭法庭,旁听一个青少年案件。……与团伙犯罪有着说不清道不明的纠葛;庭上非常强调"道歉";其间家属们不时当庭涕泣。这里发生的事情与英格兰大相径庭。另一桩怪事发生在与诸法官共进午餐的时候。我们问,为什么很多简简单单的案子要花好多年才能审结,他们回答,身为法官,感到定案难啊;生活是复杂的,世事并不是非黑即白。要么"有罪"要么"无辜"的二元式判决在日本语境下很难成立。看来这里有很多诱人的线索值得追踪。

这三起庭审不过是三个小小例证,说明在文雅的外表和西方化的外衣下,隐藏着另一个世界。十六年来这样的例证不断积累。后来我又在其他各种情境下体验日本,了解日本历史,认识日本文化,最后还将日本与中国进行比较,在此过程中,我觉得我仿佛是在穿越一座陌生的森林,林间的树木已不再是我所认识的品种,林间的飞鸟走兽也都属于异类。熟悉的东西变得陌生起来,原本认得出的东西变得越来越不可理解。

首次访日归来,我开始认真阅读日本,这时我才发现,我在体验日本的日子里产生的奇特感,其实并不新鲜。关于日本这个"颠颠倒倒"的怪异世界，早就流传着一些奇谲的故事，从 16 世纪的葡萄牙早期访客开始，几百年来西方作者给出了各种叙述。17 至 19 世纪，如同接力赛一般，一个接一个的荷兰和德国观察家向他们的欧洲读者频繁"传递"日本的古怪，评论他们邂逅的这个奇特世界，不过总体说来，他们的足迹仅限于长崎附近的出岛①。

19 世纪后半叶明治维新前后，西方游客已能漫游日本全境，此时他们的日本印象就格外有趣了。这批维多利亚时代的老资格旅行家报告的消息，已经不限于日本与他们过访的其他地方如何不同。伊莎贝拉·伯德早已遍游天下，1880 年她却声称："日本呈现的新奇之多，不亚于在另一个星球上的远足。"② 埃德温·阿诺德对印度有过长期体验，他居然也表示，自己来到了"一个新世界，这里的生活之离奇，宛若生存在月球"。威廉·格里菲斯在日本度过了好几年，他以格外优美的文笔描述道：

> 第一个走进新国民当中的先驱者收获了双重的欣悦，首先，踏上这片对于外国人的双脚而言还是处女地的国土，使他感到了稀有的狂喜，其次，亲眼看见一个像日本这样的独特文明，并呼吸着它的空气，使他好似获得了一股精神上的氧气。千百年来我们有数千万同类在这里活着、爱着、快乐着、痛苦着，然后死去，体验着生命的全部内容，却不拥有我们西方人

---

① 1634 年，日本实行闭关锁国政策，修建了一个人工岛，称"出岛"（Deshima），1641 年至 1859 年期间在此地开展对荷贸易。

② 对于这类引用文字，原书未加脚注，但在全书末尾附有几页"引文来源"表。中译本从略，但保留了原书末尾的"推荐书目"表，读者可从中参考。

视为社会生活之必需品的宗教、法律、习俗、食物、服装、文化，这种感觉就像是穿行于一座活着的庞贝城。

　　小泉八云①也以有力的笔触描述了自己感受的惊奇。他曾在日本生活多年，娶了日本妻子，加入了日本国籍。他有幸观察的日本，尚未被突飞猛进的现代工业和城市覆以一层"装饰面板"。他既谈到了日本的奇特，也谈到了这样一种感觉：日本是一片弥漫着入魅气氛的国土，是一个神秘的世界，在它的生活表象底下，潜伏着不可思议的另类性：

　　　　第一眼看去，日本事物仅在外表上就已经十分奇特，使人（至少使某些人）产生一种难以形诸笔墨的惊悚——这种怪异感，唯有当人们看见全然陌生的事物时才会降临。……进一步熟悉这个荒诞世界之后，也绝不可能消除第一印象唤起的奇特感。你会很快注意到，日本人甚至举手投足的样子都是陌生的，他们干起活来，方式也和西方人截然相反。……诸如此类的陌生行为实在古怪，足以让你觉得，即使就身体特征而言，这一群人类与我们的相似之处也绝不比外星人与我们的相似之处更多。

　　大多数观察家感到格外迷惑而难解的，是那些悖论、矛盾、颠

---

　　① 小泉八云，Lafcadio Hearn（1850—1904），原名拉夫卡迪·赫恩，出生于欧洲的美国作家，著有《日本：解读之尝试》等，作品也常涉及日本的传说和神怪故事。（本书提到的西方作者，若取过日文或中文名字的，便适当加注；其他一般不加注。）

三倒四之处。珀西瓦尔·洛厄尔写道：

> 从我们的角度，某些事物我们本能地这样看，从他们的角度，这些事物他们却本能地那样看，可谓南辕北辙。他们的反着说、反着写、反着读，还只是几种最基本的逆反而已。倒置性绝不止于他们的表达方式，而是一直深入到他们的思维方式。我们的一些观念在我们看来理所当然，在他们头脑中却找不到安身之所；而那些我们认为荒谬绝伦的观念，似乎却是他们的天生权利。他们把雨伞倒着晾干，柄儿朝下、尖儿朝上，他们反着擦火柴，朝外面擦而不朝自己怀里擦，总之，我们在日常生活中的一切行为，哪怕再琐屑，也能在他们身上找到对应的做法——相等然而相反。……幽默之神手持一面镜子，把我们变成了我们自己倒影的玩物。

据说，日本于19世纪末叶变成了一个工业社会，并且全盘西10化。有人或许以为，从此以后，这些令西方人费解的现象、这些难以界说的另类感、这些阻碍了我们对自己的日本经历进行归类的东西，大概统统终结了吧。不然！时至今日，意外感仍未消散。在比较人类学领域之内，日本依旧是一个反常的案例，挑战着我们的文化逻辑。

1930年代，经济学家库尔特·辛格评论道：

> 登陆日本列岛的陌生人会立刻发觉自己进入了另一个世

界，这里的每一个行为和想法都自成一路。……一种全面的"倒置性"诡秘地打乱了我们的方向感和先后顺序，它无处不现身，几乎是在蓄意地颠倒左与右、前与后、说话与沉默。每一个姿势、每一个器皿的形状、每一个句子的抑扬顿挫、家庭的礼节或课堂的礼仪、花瓶里插花的方式等等，无不带有这个国家独有的、不可能错认的标记。

鲁思·本尼迪克特在二战末期所著的《菊与刀》一书中，对日本的独特性也作出了一些观察：

> 日本紧闭的国门敞开以来的七十五年里，西方作者用来描述日本人的长长一串"既……又……"字样，比用在全世界任何国民身上的都要多。……日本人既好斗又平和、既黩武又尚美、既倨傲又礼貌、既死板又灵活、被人呼来唤去时既顺从又恼怒、既忠诚又奸佞、既勇敢又怯懦、对新事物既保守又友好，而且两头都走向极端。

大多数西方人至今仍觉得无法理解日本。而当他们真的尝试

11 著书讨论日本时，日本学者每每嗤之以鼻，认为肤浅。可能很多日本人都会同意某位教师的评语："要想懂得日本思维之微妙，你必须生来就是日本人。"吉野耕作采访过的所有教育家和生意人都"认为外国人不可能学会'像日本人那样行事和思考'"。然而每逢外国人问起自己错在哪里，被问者便沉默不语。健一告诉我，日本是一个单向镜，日本人能从镜内往外看，镜外人却不能往里看。同时，

日本又是一个连镜内人自己也很难认知的世界。

　　1993 年 7 月我们第二次访日，这次才真正开始最密集的对话。一夜复一夜，甚至在周游日本的长途旅行中，譬如在参观京都、伊势、日光等地的行程中，日本朋友们都在耐心回答我们连珠炮似的问题，尽力向我们解释日本的奥妙。我想，正是在这一次，我们才开始明白有些拼板是如何拼接在一起的，并且总算开始发现和认识一点规律了。

　　以几篇早期草稿为基础，我提笔书写日本 ①，探讨其历史和文化的各个层面，包括财产权、法律、亲属关系、政治、经济，并将日本与中国和欧洲加以比较。更深入地研究日本与西方的比较制度史之后，我渐渐明白了日本人为什么变得如此与众不同，某些内在力量又怎样在发挥作用。虽然此时我仍旧身在"镜中世界"，但是我觉得，我在我视之为"日本文化"的东西里面，终于看出了较多的门道。

　　像人类学者寻常体验的那样，这属于最初的"文化震撼"过后的第二个阶段。也就是说，最初几个月过去以后，你就能或多或少预测别人的行为、理解别人讲某件事的原因、逐步发现某个社会的潜在"语法"规则了。此时你已经不仅能看出表面的问题，而且能看出社会之河中流淌的那些更有规律的水系了。一般说来，这个过程只需几个月便能完成，日本却花了我四年左右。

---

　　①　指作者在本书之前撰写的关于日本的著作，参见下一条注解及"译后记"。

第三个阶段是进一步尝试挖掘日本表象之下的东西。其间我
12 写了一本书，比较日本和英格兰一千年来的生态、人口和物质生活。
我又写了另一本书 ①，比较两位大理论家关于现代世界之形成的不
同观点，这两位著名的论者是英格兰的 F. W. 梅特兰和日本的福
泽谕吉。我还参与制作了一部电视系列片，我们在日本一边摄制，
一边讨论日本社会与历史的中心表征。此外，通过长时间的对话、
研讨课、论文交流，我和逝友格里·马丁 ② 一起，研发了一个显示日
本与西方之异同的模型。

当我们与健一和敏子共同努力，将点滴谜题整合进《日本镜中
行》这本书的时候，最后一个阶段便来临了。我们花了一整个夏天
讨论和写作，2006 年春天又与十几位最杰出的日本学者密集会晤，
然后于当年年底对本书进行了最后的综合。

使我们进入和穿越日本之镜的道路变得更为复杂的是，最近
四十年来有三组观念发展得特别强势：其一，日本文化民族主义，
即日本人论 ③，以及它的对立观念，即反日本人论；其二，东方主义
和西方主义；其三，相对主义和后现代主义。读者诸君应当意识到，
这些观念很可能对任何有关日本的写作和阅读发生歪曲效应。

---

① 这两本书，先提到的一本是 *The Savage Wars of Peace*（2003 年），后提到的一
本是 *The Making of the Modern World: Visions from the West and East*（2002 年）。

② 见本书"序"，第 xiv 页注释。

③ 日本人论：*nihonjinron*，其字面意思为"探讨日本人"，指一类专论日本民族身
份和文化身份的文本，这些文本来自社会学、心理学、史学、语言学、哲学、科学等各个
领域，其主旨在于假定、分析和解释日本文化及心理的"独特性"。

如同其他一切国民一样，日本国民也一直关心自己的身份认同问题。在历史上的好几百年时间里，试图探索这个问题的日本学者总是将本国与中国和朝鲜相比。1850年代风向渐转，日本开始把强大而好斗的西方当作衡量本国的尺度，在此期间，他们的自我观经历了各种不同的阶段，时而认为自己酷似西方人，时而认为自己不同于西方人，皆取决于当时的政治地位和经济关系。

二战以后，日本人的自我形象基本破产。然而随着经济的复兴，日本人又开始认为自己不仅现代化，而且西方化了。进入1960年代和1970年代以后，不少作者拾起早期作者的牙慧，重新强调日本人的与众不同，对"日本性"理论——亦即日本人论——起到了推波助澜的作用。

在一定意义上，日本人论是这类作者对英美思潮中所谓"种族中心论普遍主义"①的一种文化性反应。归顺西方制度和西方价值观是一股现代潮流，它使得一些日本人像世界上许多其他地区的人们一样，觉得自己遭到了侵犯。他们颇感压力，眼看就得放弃自己的文化，就得认为自己除了比别人"落后"以外，与别人并无区别了。为了唱反调，日本人论者提出了一种反论，即：日本人确实与众不同、天下无双，应当以自己的"传统"文化为自豪。

这类论争，连同日本战前盛行的极端民族主义的、反西方的"日本独特论"，无疑都增加了书写日本的难度。虽然很少有日本人论者在其著作中明确声称日本比别的民族优越，但他们有时确实强调

---

① "种族中心论普遍主义"，ethnocentric universalism。此种思潮认为，种族中心论是普遍存在的现象，任何一种文化都会向其他文化表达种族中心主义的态度，任何一个种族都会对其他种族怀有天生偏见。

日本在某些特殊方面是独一无二的，有时甚至暗示，日本的独特性应当归因于它的遗传基因和种族传承。

反过来，这一论点又引起了人们对日本独特论的强烈反击。此中的代表是彼得·戴尔所著《日本独特性之神话》，它翔实评述了"日本独一无二论"文献中的诸多问题。吉野耕作则以更审慎的措辞，撰写了《当代日本的文化民族主义》一书，剖析这一现象及其根源。

彼得·戴尔如此概括日本人论的一系列假想："第一，他们暗示性地推定，日本人组成了一个具有文化和社会同种性的种族实体，从史前时代至今，其本质实际上始终如一。"我本人的观点与戴尔等人的论点相同，也认为这种假想是不可接受的。如未来章节所述，日本人无论在时间还是空间上都不是一个同种群体，我们将会发现，日本人的根来自亚洲各地。

14　　"第二，他们设定日本人与所有已知种族全然不同。"虽然本书也将逐步披露日本人与邻国以及更遥远国度的人们有差别，但是本书还将指出，日本人同时也具有很多与其他社会人的相同的特征。

"第三，日本人论者是一群有意识的民族主义者，对任何一个他们认为可能来源于外界的、非日本的分析模式，都表现出一种从概念到程序的敌意。"毫无疑问，这种敌视外界研究的态度，一位比较人类学者是不能接受的，事实上，本书从头到尾都是对这种态度的否定。

请允许我直截了当地声明，我的前提预设从一开始就不认同日本人论者的前提预设。在我看来，日本并不高人一等，并不由种族独特性或文化独特性建构而成，相反，却由各种历史力量和偶然事件建构而成。但是，在我们摈弃那些极端论点的同时，如果我们也排除一切有关日本独特性——无论是日本人还是外国人提出的——的讨论，那么，认知日本将被我们变成一桩不可能的任务。

在批判过分的日本人论的同时，我们必须小心翼翼，不要用力过猛，走向相反的极端，从而点燃一股反作用力。而且，这样做也会歪曲现实。不同文化之间的确有着真实的、重大的差别，我们应当乐于接受差别的存在，而不要拼命假装差别只是幻觉，或者狂妄地陶醉于自己的优越性，以致对差别不屑一顾。

如果我们将日本纳入我们的思维范畴，譬如认为日本正好属于又一个"后现代"社会，便抹煞了日本的特殊性。我们必须允许下述可能：日本或许真是一个与大部分读者所熟悉的西方文明并存的另一类文明。

行文至此，我打算将我的选择保持开放，推迟定论。我希望行驶于一条中间航道——我的一侧是极端的日本人论，另一侧是极端的反日本人论；两个极端都有其危险性。我没有任何特定倾向。我不是日本人，但我也不惧怕日本。我愿意坦率评价我在日本的发现，而不担心什么政治正确或政治错误。我希望探索一组核心问 15 题：日本人究竟独特到什么程度、可以理解到何种程度，它究竟有多么适合外国的（西方的）理论？假如日本果然具有独特性，那又是什么？日本人是怎样抗击入侵大潮而保持这种独特性的？日本文化的连贯性有多大？1960 年代以来大举改革造成了什么后果？此举对于我们认识自己的世界和普遍的人性有什么意义？

妨碍我们看清日本的另一层困难，来自"东方主义"和"逆向东方主义"①的夹击。自从 16 世纪首次邂逅日本以来，西方思想家和旅行家形成了一种固化日本民族性格程式的长期传统。对日本形象的此类描述大都未经检验，然而至今仍在通过无数广告和宣传撞击着我们的视听；樱花、菊花、茶室、武士、相扑、艺妓等一大批文化程式，仍在侵染我们的想象，很难驱除或躲避。而日本本身出于市场营销的目的和民族主义的原因，也喜欢打造独特、古老、异国风情的自我形象，这就使外国人扭曲的目光变得更加扭曲。

　　本书使用"镜子"的隐喻论述日本，或许有人认为这将助长"东方主义"的倾向。其实，我的意图只是想提醒大家，虽然我们可能被镜面所反射的我们自己的希望与恐惧的倒影弄得眼花缭乱，虽然我们可能将"他者"打造得适合我们自己的需要，但是这一隐喻也完全可能帮助我们抛弃先入之见和自恋情结，穿透镜子表面，走进镜子内里。

　　一种相反的倾向也在增加认知日本的难度。这种倾向，不仅我初访日本时没有完全觉察到，即使十五年后我刚刚提笔写作本书的时刻，仍未充分意识到。那同样是西方人常犯的一个偏见，不妨称之为"逆向东方主义"或"西方主义"。我在以下章节中试图论证：
16　尽管从西方视角打量，日本生活大体上好像是上下颠倒、左右满拧，颠覆了许多根深蒂固的西方观念，但是作为一个整体，它却运行良好。提出此论，难免被人看作逆向东方主义。但是且慢，当我们离

---

　　① "东方主义"，广义说来，是指从西方视角描述东方文化，1970 年代后期开始具有新的含义，指 18、19 世纪欧洲帝国主义导致的西方对东方的恶意而负面的看法。"逆向东方主义"的态度则与此相反。（此外"逆向东方主义"也可称"西方主义"，广义指非西方世界或西方世界本身对西方的看法，狭义指对西方的程式化和非人化看法。）

开镜中日本的时候①,我将更详细地向读者诸君解释:本书关于邂逅日本的描述,其实在一定程度上沿袭了"乌托邦"思维之传统,而"乌托邦"思维,至少从16世纪初托马斯·莫尔的《乌托邦》问世以来,即已成为西方思维的一个特征。换言之,构思本书时,我就决意要质疑英、美世界观中某些假想的、"理所当然的"、不容置疑的特点了。

当我告诉朋友们我写了一本书,旨在"更清楚地认知日本"的时候,他们多半大吃一惊。我当然知道,当今很多人对这类尝试抱着高度怀疑主义的态度。有人提出,我们根本不可能认知"他者",因为我们根本不可能逃离自己的分类范畴。还有人提出,杜撰一个"日本"之类的实体,将那里的时间、空间、阶级、性别等丰富多彩的"变奏曲"弄得寡淡无味,实属荒唐之举。两种反对意见都很有分量——不错,认知是有限的,我不能五十步笑百步,我甚至不能宣称我充分"认知"了自己,遑论认知他人;不错,我们一不留神就会将某种我们称之为"日本"的抽象概念具体化,然后塞给它一批永久不变的特点。

幸而,我从亚历克西·德·托克维尔的著作中获得了鼓舞。他的《论美国的民主》、《旧制度》(论大革命前的法国),以及另一本论英格兰的著作——实际上由其毕生的散见论文综合而成——成功地深化了我们对世界上三个文明的认知。托克维尔一边清醒地意

---

① 指本书第8章"走出镜中日本"。

识到，认知另一个文明简直是不可能的，一边做到了这件事。他写
道："你说得对，外国人不可能认知英格兰性格的特殊性。所有国
17　家难逃此例。"在另一处他又写道："每一个外国的国民都有其特殊
相貌，既能一眼看出，又很容易描述。但是嗣后当你希望深入了解
的时候，你会遇到一些意想不到的真正难题；你进展极慢，慢得令
你绝望；你走得越远，疑窦越多。"

　　尽管如此，托克维尔仍然坚持不懈，最终他深信自己发现了当
时美国赖以为基础的根本原理：

> 在美国，一切法律或多或少起源于同一个思想观念。可以
> 说，整个社会的立足基础仅仅是一桩事实，即：每一件事物遵
> 循着同一个根本原理。你可以将美国比作一座大森林，无数条
> 道路穿越其间，而条条道路的终点都归于同一个地方。一旦你
> 找到了中心点，你就能一眼看清整个蓝图。

　　后几代人发现，托克维尔的著作果然深化了我们的认知，与伊
波利特·泰纳的《英国纪事》和乔治·奥维尔的《狮子与独角兽》
有异曲同工之效。事实上，假如我们采取极端相对主义的和后现代
的立场，认为理解"他者"既不可能，也不必要，那么，各文明之间
的比较和交流就会彻底落空。假如我们果真采取这种立场，就等于
公然否认我们自己每日都在与外族人互动的事实。

　　我谈到"认知"日本，并非自诩我完全了解这个国家，亦非声
称我已将它解释明白。我想做的事情，正是许多人类学者声言的工
作目标，那就是，力图使其他文化变得让我们可以理解，并且，为

了实现这个目标，尽可能从该文化的内部给出描述，通过该文化自身的归类范畴和象征符号去思考问题。如果我们能够实现、至少部分实现这一目标，那么，人们即使从各不相同的高地进行观察，也能察知和解释正在发生的一切。我相信，唯有将日本置于一个宽泛的比较框架，或者说，唯有将日本看作一个与其他文明和社会并肩而立的文明，才有可能完成这项任务。我们必须以宽广的目光看待 18 "日本"，跨越数千年的漫长时间，将它视为一个完整的、整体的文明，这个文明无论发生了多少变异，终归有一些核心的组织原理，亦即上文中托克维尔暗指的那类根本原理。

如果我们不仅从近处而且从远处检视日本人，我们就能在自己的想象力和生活经验的帮助下，怀着同情进入另一个文明的物质世界和精神世界；我们就能至少在一定程度上将陌生事物与我们已经熟稔的事物联系起来观察，从而在情感上和知性上理解陌生事物。只有当我们在自己的心灵和头脑中，将别人的生活重新活过一遍，设身处地为他们着想，理解他们的行为和决定，真正的认知才会到来。这种想象性的跨越，是我们大家的日常所为——发生在我们看电视、玩电脑游戏、与儿童交流、读小说、与朋友交谈的当儿；它也是我们作为人类动物的一项奇妙而真实的天赋，能使我们暂时中止疑惑，理解身外的事物。做到了这一点，我们便扩大了自己的认知范围。

2

文化冲击

大多数外国人初遇日本，是通过它的物质文化。然而像这样进入日本之镜，只会格外懵懂。譬如，我本人试图以此之道接近日　19本的时候，我先是感到熟悉，接着却被某些异样的东西震惊和震撼。表面上似曾相识，待到置身镜中，你会日益强烈地滋生一种感觉：事物的关系和人的观念——观念乃是具体行为和象征符号的基础——有别于你所熟知的一切。

　　外国人撞见日本的物质文化之际，大都体验过"文化冲击"，因此，在我们试图认知日本文明的最深根源之前，有必要不惮其烦，先听听这些感受。此外，对于日本人眉毛胡子一把抓的做法，譬如美与丑的合一、崇高与怪诞的合一、纯洁与堕落的合一、精神与物质的合一，也有必要给予一番"印象主义"的概述，因为这些莫名其妙的混合体将会一路跟随我们探索的足迹。

　　在我居住的西方世界，自从文艺复兴和科学革命以来，人们便采用了一整套二元对立或二元区分：艺术有别于生活，工艺有别于美术，俗众品味有别于高雅文化，现实主义艺术有别于艺术象征主义，巴洛克风格有别于哥特风格，城市有别于农村，运动和游戏有别于仪式和宗教，肉体的物质性有别于精神的纯洁性，自然有别于文化。我初次体验日本时如此困惑，正是因为它挑战了所有这些区分。

　　外国人首次邂逅日本的艺术和工艺，往往被巨大的喜悦所压　20

倒，然而这番狂喜只不过加深了他们的迷乱。日本人酷爱美学意义上的美，任何阅读日本或访问日本的人对此都会形成深刻的印象。19 世纪后半叶访日的生物学家爱德华·莫斯是最早、最敏锐的访客之一，有一次看完日本陶艺展后，他评论道：

> 这个行业的惊人之处在于，所有设计都富于原创性，都忠于自然，都优美可爱。我们赞叹丢勒铜版画中的栩栩如生的草儿，这些小小的野物唤起了我们的无限热情；而在日本陶艺展上，你会看到一百个"丢勒"的作品，但他们的名字却鲜为人知。……那里有美丽的花环、樱花、荆刺和五颜六色的小花，全是陶制的。相形之下，德累斯顿和切尔西悠久的同类产品看上去多么脆弱，多么灰头土脸。

莫斯还注意到，就连日本孩童，眼力也厉害得很：

> 我应当记下一次有趣的经历：我用日本毛笔在日本纸张上接连画出很多动物，如蟾蜍、蚱蜢、蜻蜓、蜗牛之类；旅馆里的孩子们和其他人在一旁观看，每次我刚刚勾勒一两笔，小家伙们就能认出我想画的动物是什么。

即使最平凡的琐事，也被日本人变成了艺术："如果一个孩子不小心在纸障 ① 上面捅了一个窟窿，修补的时候一定不会用一块方

---

① 　纸障，paper screen，实指日式拉门——"障子"，即纸糊的半透明屏风，用作滑动门或间壁。下文有时直接用"障子"（*shoji*）一语。

形纸片,而会把纸片剪成一朵樱花的形状。"

对日本多了几分了解以后,我开始产生一种意识:如果说经济 21
支配着美国,法律支配着英格兰,宗教支配着印度,文化支配着中
国,那么,日本的一条中心线索就是美学。在日本人的心目中,借
用诗人济慈的话来说,真即是美,美即是真。

从精致的木坠子、装饰性的骨雕别针,到艺术性的插花(生花),
再到巧妙的折纸手工、小巧的树木造型(盆栽)、细腻的书法艺术、
优美的传统寺院建筑、富丽的花园、神奇的漆器竹器、迷人的陶罐
和水墨画……可以说,日本是地球上最最艺术的一个文明。

日本人以一种微妙而魅人的方式,将物品的造型与功能性玩
弄于股掌之上。这是他们近年取得巨大商业成功的部分原因。虽
然他们现在常将汽车、计算机和其他电子设备的部件送到国外去生
产,然后组装到日本外壳之中,但是这些产品的设计本身依然令全
世界着迷。今天,漫画和电脑游戏也成了他们的出口大单。

日本对美的执着无人可以超越。知道这一点以后,你穿行于日
本城市的大街小巷时,只会更加震惊。杂乱的电线、天线之类时时
扑入你的眼帘,即使是因为地震频发而不得不把线路敷设在地表,
也还是太无章法。街道上布满丑陋的标牌和不协调的建筑,许多居
民区显然毫无规划可言。

当然,你也能在某些城市发现优美的绿洲,京都和奈良尤其美轮
美奂。但是和意大利等国比较起来,日本大部分地区仿佛是一团现代
恐怖。日本既是一个最美丽的文明——以它的艺术和寺院而论,又是

一个顶脏乱的文明。这还只算一个谜题,当我们身处这个文化之镜的
内部,试图弄懂它的异象奇观时,更多的谜题将不期而至。

　　1878 年,美国学者欧内斯特·费诺罗萨任东京大学教授,成
为爱德华·莫斯的同侪。费诺罗萨后来是一位颇有影响力的教师,
22　也是日本艺术在西方的著名论证家和宣传家。他和自己的昔日弟
子冈仓觉三①共同努力,实现了日本艺术的系统化和制度化。冈仓
觉三则是一位美术评论家和哲学家,后任文部省高官,主管艺术。
1898 年,两人共同创立了日本第一所官办艺术院校,即未来的东
京艺术大学,又共同出版了日本第一份艺术杂志。他们还多次举办
国际展览,大力撰文评介日本艺术的特点及其发展史,引介"艺术"
与"工艺"分家的西方概念,引介当时在日本近乎空白的艺术鉴赏
专业术语。于是,在国外一直默默无闻的日本艺术开始名噪西方世
界,而且对法国印象派产生了深刻影响,后者继而通过自己的诠释,
又反过来影响了日本的艺术家。

　　有史以来第一次,日本变成了世界艺术市场的一个玩家。从最
精美的瓷器,到描摹大众生活的木版印刷画"浮世绘",西方对日本
艺术作品贪求若渴;而在以往,许多西方人认为浮世绘逼真倒是逼
真,却很粗俗。西方的需求受到了明治政府的欢迎和促进。

　　日本艺术的很多特点和表征都是在 19 世纪后半叶形成的,旨在

---

　　①　冈仓觉三(1863—1913),后更名为冈仓天心,日本美术家、美术评论家,
十六岁在东京帝国大学读书时,与大力肯定日本文化的欧内斯特·费诺罗萨(Ernest
Fenollosa, 1853—1908)相识,成为其助手。

迎合西方的需求。尤其值得注意的是，天平开始向更俗艳的艺术形式倾斜，渐渐偏离了从中国得到灵感的严肃高雅的经典艺术。反过来看，正是日本的艺术灵感塑造了西方的需求。20 世纪初，冈仓觉三发起了一场艺术运动，然后由柳宗悦继续推行。这场名为"民艺"的运动蔓延到国际上，给世界其他地区的民间艺术运动——譬如威廉·莫里斯和约翰·罗斯金倡导的运动[1]——打上了日本的印记。

日本艺术于 19 世纪后半叶实现制度化以前，以视觉为媒介的 23
各类交流形式之间并无严格的分界。日本人像许多部落社会一样，对于最微贱的物品，无论是小小的罐子、葫芦、披肩，还是标枪长矛，都会倾全力雕琢，以取得精美绝伦之效，根本不区分实用目的和美学目的。

日本人历来生活在物质条件有限的天地里，绝大多数穿着简陋的衣裳，住着狭小的房屋，更没有多少财物。但他们很在意手里的活计，从剑的扣环、提包的扣带，到任何一个可以涂漆的表面，都会一丝不苟地打磨。

西方人恰好对峙在另一个极端：他们大多享有极其充裕的物质环境；他们喜欢把物质严格划分成"实用性的"和"美学性的"两类。实用性的物品由技术人员和工匠制作，美而无用的高雅艺术，如绘画之类，则由艺术家完成。许多论者将这种区分归功于文艺复兴，

---

① 主要指"拉斐尔前派"美术运动，这两人都是其中的重要人物：威廉·莫里斯（William Morris, 1834—1896）是英国建筑、家具、纺织品设计师、画家、作家；约翰·罗斯金（John Ruskin, 1819—1900）是英国艺术评论家、画家、诗人、作家。

认为从那时起，艺术家和工匠开始分道扬镳，艺术不再充当宗教教化的工具，"为艺术的艺术"成为了西方美学创作的核心原则。

19世纪后半叶，在日本的画廊、展厅和艺术书籍中，在费诺罗萨和冈仓觉三引进的专业术语中，工艺和艺术的区分开始制度化，尽管如此，两者之间的界线仍旧相当模糊。日本人把他们的"艺术家—工匠"抬举到最高的荣誉等级，称之为"国宝"，此中既包括陶瓷匠、铸刀匠、造纸匠、漆器匠，也包括书法家。二战结束后，民族主义运动开始抬头，重新肯定日本传统工艺—艺术之价值的趋势尤其彰明较著。

在我们粗略概括为"日本艺术"的领域里，实际上包含着不少极其矛盾的传统和美学原理。其中一对矛盾是两种不同的表现美及确立美的方式，即中国式和本土式。从公元7世纪开始，中国和朝鲜成为两股压倒一切的影响力量，在长达一千多年的时间里，他们的金色和红色，他们的经典形式和经典符号，他们在佛教影响下养成的审美观，合力塑造了日本人的艺术感受性。然而到了中世纪，中、朝之风渐弱，大批新生的、清教徒式的佛教改革派——特别是禅宗——席卷日本，一种更加克制的、极简主义的、非对称的、朴素的美学口味随之确立。这两种情趣形成双星，映照在两个至今仍然对立的日本美学传统中，其代表分别是东京和京都，前者是17世纪以来的中央政府所在地，后者曾长期充当全国的礼仪中心。

有些日本朋友强调自己酷爱那种"炫目的、浮世绘式的、五彩缤纷的、非立体技法的、令人惊奇不断的"艺术，如歌舞伎剧种，如葛饰北斋和歌川广重的画作。另一些日本朋友却称之为"浅薄的、一览无余的、自我表达的、简单化的、武断的、让人退避三舍的"艺术。那绚烂的色彩,那夸张的乃至丑怪的形象,那戏剧性的美,那顽皮而昂奋的劲头,都是日本艺术的要素。然而这种艺术与中国艺术并不是一回事,它如此率性,直击日常生活,将世界变成了一幅色彩斑斓的大卡通画。

当前,借力于日本的动漫电影、漫画书和电脑游戏,这种艳丽、幽默、活力四射的艺术传统正在被全世界的年轻人重新发现。很多人一想到日本艺术,脑海里就会闪过这些东西。

但是不要忘记,这枚硬币还有一个阴暗的反面,通常和京都联系在一起,一位朋友戏称其为"短命而速朽的"艺术。如上所述,日本艺术从 13 世纪开始分流,其中一个流派崇尚纯粹、禁欲、言犹未尽、极简主义,采用黑、白、灰三色,摈弃了满目的亮色,旨在超越色彩。它热衷于表现生命的悲哀和虚幻,表现眼前时光的不可维持:花之落、月之亏、爱之死。在它的笔端,精致的美犹如人生,短命而速朽,不过是昙花一现。这个美学流派是一种主张人生无常、天地空幻的佛教新宗的组成部分。论及这种佛学现实主义对日本美学的影响,巴兹尔·霍尔·张伯伦[①]评述道:"在绘画、在家居装潢、在一切有赖于线条和形式的东西上,日本人的风格可以用一个词来概括,即冷峻。"

穿梭于一家博物馆的朝鲜展厅和日本展厅之间,两种美学流派的差异立刻凸现出来,前者充斥着异常鲜明的大红、大蓝、大绿、大

---

① 巴兹尔·霍尔·张伯伦,(Basil Hall Chamberlain, 1850—1935),东京帝国大学教授,著名日本学家,日文名王堂。

金色，后者辉映在柔和的灰色、棕色、金色、银色之中。比较起来，中国人没有朝鲜人那般艳丽，却也远离着日本的淡淡阴翳。17世纪英格兰的清教徒曾使全体英格兰人和美国访客对这类阴翳有了一点儿感受，但是就连他们，也从未确立如此纯粹、如此极端的冷峻风格。

　　明、暗两面形成了强烈反差，但是深究起来，这两个面却在共同展现日本文化的某些中心表征。其中一个表征是，在日本的书法、诗歌等一切艺术形式中，外在表达手法都采用一些妇孺皆知的、强有力的象征符号，受过深度熏陶的日本观众也都能心领神会。

　　日本艺术大多是暗示性和象征性的，往往在声东击西。它不肯直说，只是暗暗酝酿在心田。它渴望避开直白的现实主义风格，而喜欢更加意味深长的暗示性手法。这是一个——借用罗兰·巴特的书名——"符号帝国"，因为不同于现实主义艺术，日本艺术家努力传达的不是事物表象，而是内在本质，那就只能借助象征符号，间接地输送给观众了。一位日本画家的故事很能说明问题：有人重金聘请这位画家画一座草木葳蕤的花园，过了一些日子，画家带着画布回来了，画布基本上是一片空白，只有一个角落里画着一根樱树小枝丫，上面栖息着一只小鸟，出资人问画家为什么不把画框填满，画家回答："如果我画满了东西，小鸟还能往哪儿飞？"

　　我第一次带健一参观国王学院[①]院士花园的时候，他一见到宽广的草坪和高大的树木，便兴奋起来。然而他又向我声明，在日本我是绝不可能找到类似的花园的，因为日本是一切从简。一座花园

---

　　① 指剑桥大学国王学院。

好比一本字书，日本人的做法是"读"一座小巧的花园，"读"一处禅式石头胜景，随后，日本人像对任何语言进行解码一样，在自己心里对这些景观符号进行解码。健一发现，英格兰的艺术比日本的艺术要直白得多、写实得多。

间接性和暗示性也体现在日本人对微妙事物的热爱上。谷崎润一郎在他的《阴翳礼赞》中解释道：

> 当我们凝望聚集在横梁背后、花瓶四周、搁架底下的憧憧暗影时，尽管我们十分清楚那只是阴影，也还是难免被一种思绪所征服：噢，绝对的、全然的沉寂统治了这里的一个小小角落！噢，永恒的静谧在这片黑暗中占据了王座！……而这就是我们祖先的天才，他们切除掉这个空旷空间的光明，让一个阴翳的世界在那里形成，并赋予它一种胜过任何壁画或装饰的神秘性和深邃性。

漆器就是一个体现。谷崎润一郎分析："古代的漆器皆用黑、赭、红上色，因为这三色是由无数重黑暗构成的，它们是黑暗——生命即寄寓于其中——的必然产物。"莫斯对此也很清楚："这些艺术家向人们表明，正是这种内敛、朴素却又大胆的风格，方才如此美妙。有谁能想到在黑色的背景上画黑色的细节！漆黑的印笼①上一只漆黑的乌鸦！简直难以置信，但这只是日本人喜欢做的千百件

_____

① 印笼，日本人穿和服时挂在腰间的装饰性套盒，可存放印章、药品等必需品。

怪事中的一件。那块铭板表现黑夜，只表现黑夜。"

27　　委婉，惜言如金，用仅仅一个笔触和一条曲线向教化良好的日本公众表达无穷含义——这种微型化趋向的最佳例证，当然是俳句，即寥寥几个音节组成的微型诗歌。英格兰的诗人大都喋喋不休，将所有的感觉、景物、激情一一说个明白。然而他们用一百行才能说完的东西，日本诗人以惊人的节俭，三言两语就能概括出来，并且能拨动许多日本读者的心弦。又一次，我们无法将日本美学明确地置入世界上的任何艺术传统。评论家唐纳德·基恩说得不错：日本美学的中心表征是含蓄、无规律、质朴、易逝等理念。它于我们似曾相识而又全然陌生，是一个真正的奇迹。

任何访问或阅读日本的人，都能迅速觉察日本传统住宅和庭园的另类性，但很难说出究竟怪在哪里。我初访日本时，从自己的家乡随身带了关于住宅的顽固推定。我想，住宅必然是一个大大的、坚固的、长期性的复合处所，屹立在漫漫岁月之中；一所房屋应当尽量摆满家什，里面的物质条件也应当舒舒服服。我花了很长时间才算明白，日本人的住宅观是多么的不同。

当今大多数日本人居住在看似现代化的楼房里，然而即使最摩登的公寓，也会以你不熟悉的面貌让你吃惊。拜访日本朋友的狭小住宅，或者下榻于一家老式旅馆，我怎能不感到震撼？厚厚的榻榻米草垫、取暖用的火钵、角落里的祖先祭坛、卫生间的专用拖鞋、纸糊的隔扇，还有所谓"布团"，也就是白天收在橱柜里、晚上铺在地板上的铺盖卷儿，无一不在提醒我：虽然日本人表面看来和我们生

活在同一个时代，却保存了"他者"的某些表征，即使——如我后来
所知——其中不少表征实际上是现代的发明或对旧事物的再发明。

一百五十年前，差别还会更明显，另类性还会更醒目。爱德 28
华·莫斯在他的经典著作《日本住宅及环境》中写道，日本的一般
住宅没有他所熟悉的那种门窗；"没有阁楼和地下室；屋顶没有烟
囱，室内没有壁炉，当然也没有我们习惯的壁炉架；没有诸如床榻、
桌椅之类的家具"。他发现："这个国家的室内布置细节丝毫不像我
们习惯的任何样子，很难找到参照性的词汇去描述它。"

库尔特·辛格以一番生动的对比，准确地抓住了日本住宅的
本质：

> 中国住宅深埋在土中，用土搭建，或者与土地连成一体，
> 看上去就像是地壳的一部分。……日本房屋与土地仅仅有着
> 游丝般的连结，由于不太依赖薄弱的地基，它们反倒能从地震
> 和台风中幸存下来；它们的优点恰恰在于它们那摇摇摆摆的弹
> 性！……日本列岛被地震无情地摇晃，被风暴无情地袭击，被
> 大雨无情地浇泼，被云雾无情地包围，……天生就像一条船，
> 或者一件大家具，纵横交错的桁梁从内部将它们连结在一起，
> 只有格外强大的震撼力才能将它们击成碎片。

即使到了今天，日本房屋仍旧采用富于弹性的木框架，只是外
包装使它们显得与世界各地的房屋相像起来。

在近代以前的日本，仅有的大型建筑除了几座城堡以外，就是
寺庙和神社了。小泉八云写道，时至 20 世纪初，"日本城市仍像十

个世纪以前一样，并不比一丛木棚更强；确实美丽如画——纸灯笼似的，但是弱不禁风。"日本房屋蕴含美，不亚于蕴含实用性，所以还是好比一个纸灯笼。D. J. 恩莱特写道："有史以来，日本人从未29 想到房屋是供人居住的器具，相反，他们认为房屋是一件艺术品。"

对那些一直没有机会在炎夏逛逛日本的寺庙或神社，从而体验一番兴奋的人，我只好引用1980年代伊莎贝拉·伯德的一次类似探访：

> 神社堪称日本建筑中最壮丽的作品。它们坐落在伟岸的柳杉丛中——从地面以上三英尺测量，这些柳杉很少有周长不足二十英尺的。神社的建筑公然违抗了西方艺术的所有原则，却以它们的美俘虏了我们，迫使我们承认自己迄今未识的那些形状和颜色可以组合得如此美丽，承认那些漆木可以表达一种极其崇高的艺术理念。

英格兰文明被一神论宗教和源于古希腊的思想观念所浸润，我来自这一文明，难免会推定：自然与文化之间有着强烈的对立。人类创造了文化，即知性的和物质的东西，这些东西构成了人类的世界。在这个彻底人造的环境之内，各种驯化物，如家畜、耕地、庭园，形成了一个内环。在此之外，各种纯粹野性的东西也形成了一个环，其中包括野生动物、森林、气候、山脉，人类对它们没有多少控制力，它们也总是对人类怀有敌意。人类的任务就是，要么驯化这野性的大自然，要么干脆消灭它，反正根据基督教的说法，人类已被上帝赋予了主宰大自然的权力。

发现日本并不存在自然与文化的对立，我感到了震撼。原来在这里，大自然并未分离出去，世界并未"除魅"。每一样事物既是文化的，又是自然的；既是驯化的，又是野性的；既是建构的，又是自由自在的。很难说清这种现象，也很难领会生活在这样一个世界意味着什么。

显然，比起英格兰，日本人生活的国土更是一个人工的景观。在某种程度上，每一棵树上的每一片叶子都是"人造"的。每一个 30 物品，甚至日本人对每一个物品的每一种感情，都是建构的。在人口密集的中心地区，没有一朵蓓蕾未经允许便自行绽放，没有一朵鲜花未经允许便自行飘落，能保持野性的只剩下深山老林了。

但是日本人也深知，大自然中没有一样事物真的是仅仅听命于人类的意志。大自然不仅可以燃起野火、爆发地震、降下大雨、掀起海潮，而且只是最低限度地被人类意志所控制。人类与其他生物没有根本区别。虽然很少有日本人强烈地信仰佛教的轮回说，但是他们的世界观深受佛教影响，认为每一个人和每一个事物都是互相融合的，地球上的一切全都属于同一个连续体。人类世界和非人类世界没有太大的对立，世间的一切既是自然的，又是人为的，顶多是个程度问题。

日本人的特殊，不仅在于他们对花卉——哪怕开放在最微贱的花园里的花卉——的深深眷恋和悉心照料，而且在于他们喜欢摆花插花。"外国游客踏进日本国门的第一印象，便是日本人的爱花，"

莫斯写道，"园中池中，随处可见花盆花钵，或为挂式，或为立式。游客们终于悟出：日本人是在利用每一个角落显扬其花艺的简洁之美啊。"精致的生花艺术对于日本人至关重要，广为普及，有着各种流派和宗师。鲁思·本尼迪克特注意到："菊花种在花盆里，整装待发，准备参加日本各地举行的年度花卉展览，每一片完美的花瓣都被栽种者单独打理，被一个插在花中的看不见的细铁丝架子固定在恰当的地方。"

　　花卉对于多数日本人似乎有无穷的含义。珀西瓦尔·洛厄尔写道：

31　　　　实在可以说，他们生活在一种慢性花粉热的状态。……这些远东人的痴心说明，其爱物具有一种在我们看来十分奇怪的性质。我们唯独知道它深入民心，从最平凡的苦力到最具审美力的朝臣无不为之着魔，除此以外，就我们的理解力而言，此事已达到无法解释的境界。……他们照料树上花朵，已经超出栽培的范围，那是一种膜拜，近乎某种不由自主的自然崇拜，同时却未将任何东西人格化。

　　从花卉转移到花园，我们再次发现日本人投入了极大的细心和勤勉，想要把青苔、石头、树木、水泊、鲜花变成完美的艺术品。19世纪中叶，额尔金勋爵率领使团巡游日本，他的一名随员记叙道："路边的花园和小屋展现了精雅的品味，我们见此惊喜万分，英格兰的模范庄园也无法造出一座庭园，堪与点缀在江户［东京］郊外的那些庭园媲美。"美国访客伊莱莎·西德莫尔也评论说："他们的农耕是园艺，而他们的园艺简直是巫术。"

日本的园艺就是要戏弄你的眼睛。"第一眼你以为这真的是一块林间空地，"福斯科·马雷尼写道，"然后你才发现自己被人工的景观所包围，原来，造园艺术家的目的是不露形迹地再造自然。这里谈不上几何学，或者说，这里只有一种隐秘的、非欧几里得式的、微妙的几何学，一种你的心先于你的脑捕捉到的隐秘的和谐。"花园里的一切既是自然的，又是文化的；既是它自己，又代表着别的东西。因此，日本的花园是一个入魅的地方，它同时存在于好几个维度。"他的花园甚至比他的房屋还要人工，"洛厄尔写道，"步入一座日本花园，犹如突然走进了反射在光滑的凹镜上面的一个奇境，32除了观察者本人，现实中的一切都被这面凹镜变成了荒诞的缩影。"

无可争议的是，日本人虽然生活在全世界最拥挤、最人工的国土上，却非常倾慕他们认为自然的东西。莫斯注意到：

> 论及无条件地热爱大自然，全球没有一个文明民族能够超过日本人。狂风暴雨或风平浪静、雾、雨、雪、花、四季的色彩变化、静静的河川、湍急的瀑布、飞鸟、游鱼、奇峰、幽谷——日本人不仅倾慕大自然的每一个形态，而且把它们画入了无数的素描和卷轴。

闲暇时光如何安排，可以清楚地反映一个社会的基本特性，工作与玩耍之间、游戏与运动之间、世俗与神圣之间的区分可以借此一览无余。让我们从相扑这项名扬四海、然而好像非常乏味的活动说起。一眼看去，相扑似乎只是又一项竞技运动，有点像是世界各地举行的重量级摔跤。两座肉山走进赛圈，角力，一个被另一个扔了出去，剧终。但是，看一看日本电视实况转播的相扑赛，访一访选手练功的相扑"屋"，读一读相扑的历史和传统，我就明白相扑不单是一项运动了。

相扑时常带来一种宗教仪式感，有些赛场上方甚至悬挂着微型神道教祭坛，东京的国技馆便是如此。一名被神道教官员培训过的裁判，身穿神道教服装进场，以一场简短的仪式宣告比赛开始。赛场必须先撒盐净化一遍，以求平安。每名选手每次上场时，也必须扔一把盐，表示净化。大冠军自动成为神道教的侍僧。相扑选手生活在类乎修道院的机构里，赛前必须清心寡欲。选手们必须穿特制的仪式化服装，将头发挽成古色古香的式样。赛圈之内绝不允许女人涉足。

相扑与其说是一项体育竞赛，毋宁说更像人与神之间的某种形式化交流。不过当然，相扑同时也是一项竞技和训练。总之，它恰好跨在宗教与运动之间的分界线上。相扑至少起源于两千年前，有一种理论认为，最早的相扑是一种宗教性竞赛，萨满巫师可以借此预言稻谷的收成，也就是所谓"摔跤占卜"。大约三百年前，相扑才成为专业运动项目。附着于相扑的那些宗教仪式中，有不少是晚近的发明或复兴。

观看能剧的经历也让我们极为迷惑。奇怪的刻板动作、尖叫和

哀号、面具、黑暗、陌生的音乐，这一切元素都与宗教相像，但你说
不清究竟怎么相像。虽然与西方中世纪的基督教道德剧略略相仿，
但在能剧中，宗教与戏剧的不分彼此，却是我们不熟悉的一个特点。

我们请日本朋友启发启发。他们告诉我们：大部分观众其实听
不懂能剧的台词和唱段；18世纪末19世纪初，能剧大约有一千个
流行折子，由七八个家族剧团的演员表演，每个家族剧团有自己的
常备剧目；能剧剧情均取自经典著作或民间传说。朋友们还推测，
能剧诞生于13世纪以前，能剧的主要教材撰写于14世纪。

能剧最初由那些排除在上流社会之外的流浪艺人表演，后来得
到武士和商人的解囊相助。寺庙或神社门前是人群的聚集地，所以
能剧常在那里表演。教会当局为了吸引民众参拜寺庙或神社，也经
常为能剧提供赞助。在寺庙或神社门前的舞蹈从此进入了能剧的
常备剧目库。

一位强大的大名——即贵族——邀请另一位大名作客时，他会
为客人安排一场能剧表演。当时的舞蹈段子中，打情骂俏的色彩要
浓重得多，后来才简化和更加精神化。能剧的情节一般很乏味，但
是整个演出带有一点神秘的或者诡异的意味。我们得知，对于武士
们而言，观看一场能剧不啻为一番精神的体验。

能剧或许不是确切的宗教，但剧中的许多主角都是神道教的
神，剧情也经常以神道教神话为基础。另一方面，剧中的配角通常
是佛教僧侣。库尔特·辛格辨明了能剧的遥远源头："东北方的西
伯利亚萨满巫师之舞……似乎完美地保存下来，在日本能剧的舞蹈
中得到了升华。"卡门·布莱克也觉察了类似的精神功能："我相信，
这些戏剧的深处……多半隐含着萨满教的仪式。"在日本人心目中，

34

能剧是伟大艺术的至高表现，可以与夏特尔大教堂的彩色玻璃并埒，或者与莫扎特或亨德尔的优美咏叹调比肩。

　　我们在日本曾两次享受公共热浴。显然，我们的朋友觉得这种体验有些特殊，绝不止于热水引起的单纯快感。与西方人不同的是，日本人先要把自己洗干净，然后才下到热水里，躺下来泡澡。

　　"我们相信这事儿很有名，"朋友们解释说，"我们是一个对洗澡很有感觉的民族。我们对英式洗澡真是大失所望。那根本不叫洗澡。洗澡在日本是一件再妙不过的事情，是世界上最舒服的事情。一年一度，通常在 5 月，人们喜欢去泡温泉，不过如果你有很多事要做，泡温泉就未必能放松啰。你要事先做好准备，忘掉一切，忘掉所有的人际关系才行。洗澡的人应当举止得体，只谈风景——须知大家光着身子哪。"

　　我们得知，洗澡的地点也很要紧。应当尽可能靠近大自然，换35　句话说就是洗露天澡，譬如在森林或沼地侧畔，或者在一扇远眺雪山的窗户旁边（我们下榻的一家旅馆就有一只窗前浴缸，浴缸里漂满香苹果）。光天化日下洗澡能把自然和人工融合在一起，这太重要啦："你是在借取自然。对于我们来说，在一小块人类空间之内创造一个人工大自然，是件非常风雅的事情。"

　　洗澡如此重要，所以日本商工会喜欢在温泉胜地开会。健一还说："浴场里是没有谁去注意一位外国人的；这是个你可以和陌生人放心相处的公开场所，你可以信任陌生人。你会在浴场交朋友，因为这是个开诚布公的地方。所谓裸体之交，或者说同浴之交，就是最最亲密的朋友了。"

　　我当时思忖，多奇怪，浴场和英格兰的小酒馆何其相似啊！一样地，陌生人走进来，暂时变成了亲密的朋友。日本的山村里常有公共浴场和温泉，陌生人可以随意来洗澡。我们被告知："就连猴子和小鸟也能同享此乐。"

　　日本人最精致的休闲活动当推茶道。英国人的茶宴也勉强称得上是一种茶道，近年来已成为英国文明的一个重要习俗。在最华丽的英国茶宴上，东道主和宾客程式化的举止以及茶具的堂皇阵列看上去别有一番风味。基于我的英国体验，当我听说日本茶道之时，我以为大概可以归入我在印度、中国等地参加过的那类正式宴会和茶会。

　　但是，待我们读到有关茶道的经典著作，在日本亲历过茶道，后来又在自家的英式花园里建起一间日式小茶室的时候，我们才意识到此中另有文章。日本茶道是在一间小茶室的榻榻米上举行的。你走过一条"露水小径"，从一个低矮的小门弯腰钻进去，然后摘下手表。此时你仿佛离开了世俗世界，跨入了一个神圣空间——举凡仪式都有神俗分离感，几无例外。

　　茶室墙边设有一个"床间"①，是一种神龛，里面挂着一幅书法条幅，摆着一朵花或其他珍贵物品，提醒人们这是个另类天地。但

---

　　① 床间，日式房屋特有的一种供奉神灵的空间。比榻榻米稍高。最早供放神龛，后演变成悬挂条幅、摆放工艺品的地方。

是茶道过程中始终不出现任何神灵。茶道纯粹是此世的，同时又具有神圣感，介于世俗的饮茶和神圣的西方圣餐礼之间。不妨称之为"人的宗教"。

茶道是一种反仪式的仪式，一个古怪的矛盾。其中有仪式，却没有与上帝或诸神的交流；有礼仪，却没有道德性。在某种程度上，茶道的功能相当于宗教，但不含神学体系。

日本人将茶室视为一个外部世界（与内部世界相对），尽管如此，它却是安全的、中立的，允许人们发生一种通常只有在家里才会发生的深层次的亲密交流，因此它是一个暂时消除了阶级屏障和种姓屏障的处所，一个中立的空间，一个以动作姿势为语言进行交流的场地。

茶道大师千利休 ① 的说法"一期一会"点出了茶道的本质："你在生命中的某一刻与一个陌生人相会，然后你把全副忠诚投入其中。"茶道是简单的，却又饶富精神性。你可以全神贯注，也可以漫不经心。茶，作为兼具神秘性和保健功能的物质，成为了礼拜的中心，此刻，时间停顿了，空间也消失了。从西方的视角理解茶，最接近的途径是借用安德鲁·马维尔的诗行，在他描述的一座花园的魔力下，时间和空间全部湮灭在"绿色阴翳里的绿色思绪"中。

上述种种，只不过触及了一点皮毛。日本还有一大批舶来的、改编的活动，如弹珠机游戏厅、引起非凡狂热的"跟唱俱乐部"（卡

---

① 千利休（1522—1591），对日本茶道影响最大的历史人物。

拉 OK）——据说起源于 1970 年代神户的一家快餐店——以及其他
种种娱乐消遣，其中每一种都能进一步佐证事物归类的模棱两可性。

再举一例。棒球如今是日本最火爆的游戏，它看起来像是百分 37
之百的舶来品。我不是棒球迷，不知道日本棒球与西方有何区别，
不过，通过和朋友们的一次交谈，可以推测此项运动确实有南橘北
枳的味道。朋友们谈起棒球在日本如何重要，还提到席卷四千所学
校的日本中学棒球联赛意义如何深远。孰料每场比赛的大英雄却
是输方的投手，原来你根本不应该赢！日本人给予输家极大的同情，
盖因输家能唤起失落感和美感的双重体味。我被告知，日本职业棒
球联赛并不是这样。但是，即使只论中学这一级别，我也无法想象
美国中学棒球联赛会得如此。

我听说，球场尺寸、球的大小、微调后的规则、打球风格、战略
战术、球队管理以及整个风气，都与美国有很大的差别。2006 年
日本棒球队在世界锦标赛中获胜，日本报刊解释说，日本队更加齐
心协力，所以打败了体格上虽然更魁梧、思想上却更为个人主义的
对手。

日本人对男女公共混浴中的裸体持随便态度，招致了早期外国
访客的严厉批评。许多西方著作还提到，日本妇女在大马路上、在
田头地间公开哺乳，而且经常哺到孩子年满四五岁才罢休。不论男
女，都吝于穿衣，经常暴露整个胴体，尤爱裸体行路和裸体吹风。
洛厄尔反讽道，"在日本，女性暴露身体不分程度高下。绝不是赤
身露体，只是永远一丝不挂"。

19 世纪中叶，额尔金使团的一名成员记叙："妇女腰部以上极
38　少披挂；男人仅穿一块可怜的遮羞布。"格里菲斯写道："即令身体
正在发育成熟的少女和处女，也经常半裸闲坐，自以为露出上半截
不算亵渎。"20 世纪初，艾丽丝·培根谈到了日本的"露天澡堂、
裸体民工、雨天撩起和服露出下肢的人、乡下孩童夏天的全裸状态
以及热季不大穿衣服——只穿连他们的大人都认为必要的玩意——
在家里或乡间闲逛的现象"。

洛厄尔解释说，日本人不觉得暴露身体必然与性有关："在他们
眼里，天然状态不等于下流状态。为了方便无论怎么裸都是对的，
不必要时无论怎么裸都是错的。"真不愧为"社会的伊甸园状态"。
关于裸体适当与否，日本的不成文规则似乎是："你不得不看，但不
得细看。……将日本人视为不知廉耻的国民，是一个致命错误。根
据他们自己的标准，他们倒是格外端庄的国民。譬如，没有哪位可
敬的日本妇女走路露出脚趾。这么做会被认为不知廉耻。"

这边西方人感到震撼，那边日本人也被西方人所震撼：西方人
居然把自己的身体用作性诱惑的工具！艾丽丝·培根写道："认真
研究日本人的廉耻观之后，……我得出下述结论：依据日本标准，
如果单纯是为了健康、清洁、干活方便而裸露身体，那是绝对端庄
和可以允许的。如果纯粹是为了给人看，则哪怕只裸露一点点，也
是最下流的。"

爱德华·莫斯也有类似观察："我们的妇女穿着低领裙与男人
同舞日本人所不会的华尔兹，我们当众接吻——有时不过是丈夫迎

接妻子的当众一吻，诸如此类的景象，导致日本人把我们看作了蛮子。"1930 年代，罗丹雕塑作品《吻》的脑袋上套着一只口袋在东 39 京展出，进口电影中的接吻场面被一一剪掉；时至今日，当众接吻仍能惊倒一片日本人。

日本人不觉得身体的排泄功能是特别的隐私，或者特别吓人。我记得有一次多么尴尬：我走进日本的男厕所，发现小便池公开又公共，且有一位日本女士在我周围做清洁。后来我读到，日本历史上有好几百年的时间，住在公路边的人会把便盆放在房前，为的是过往男女能够往里面小便，从而给农田提供宝贵的肥料。

在日本的大城市旅行，打量商店、火车或电视频道里的广告，你将惊讶于性的缺位。日本广告绝少借助于性欲的力量兜售产品。稍许比较一下英美广告和日本广告，就能立现天壤之别。日本广告表现的妇女形象通常娴静而又天真。

可以肯定，过去大多数日本妇女衣着朴素，从不企图强调胸部和腿部，直到近期才略有变化。着装、化妆、广告——当代日本生活还是一派天真，完全吻合你在大多数部落社会看到的纯洁：人类在伊甸园堕落了的消息，那里的男男女女似乎毫不知晓，这令外国观察家又惊又喜。"简言之，裸体的色情性在日本尚属新闻，"马雷尼评论道，"它是西方人赠给日本的无数礼物之一"。或如《日本来函》的编辑在 20 世纪初所言："在日本你看见裸体，但你不看裸体。"

40　　　另一方面，日本人无论对待裸体，抑或对待色情行业中的性疯狂，都抱着一种平淡的、在西方人看来务实得惊人的态度。有史以来，日本对卖淫行当始终非常宽容，艺妓娱乐业也盛行不衰。

公开的娈童现象令早期访客吃惊不小。18世纪恩格尔伯特·坎普弗描述说，街道两旁有——

　　　　八九座漂亮的小屋或摊亭，每一座前面坐着一两个或两三个男童，约摸十到十二岁，穿得很讲究，脸上涂脂抹粉，动作女里女气，被淫秽而狠心的主人所豢养，供有钱的游客秘密地泄欲和取乐。日本人显然乐此不疲。

19世纪初，庞朴·凡·密尔德沃特注意到："日本人不以自由的性生活为恶，更不以为罪，因此以'邪恶'描述并不妥当。宗教和社会都不禁止男人与婚外妇女媾合，正是这个原因，导致了那些令我们惊愕的离奇行为。"

数年之后，阿礼国爵士①注意到，日本父母会把亲生子女卖到娼寮，尤有甚者，子女干了几年营生以后，还会回家结婚。密尔德沃特评论："妓女去教堂［寺庙或神社］的热心程度，不输于任何人，法律视之为特殊权利，予以保障。日本社会不蔑视这些公共妓院，纯粹因为它们是公共的。"待到欧洲人抵达日本的时候，日本人已经有备无患——"向外国贸易开放任何口岸之前，"格里菲斯写道："日本人已经为外国人建好了两个地方：海关和妓院。"

---

　　　①　拉瑟福德·阿尔科克爵士（Rutherford Alcock，1809—1987），英国外交家，曾任驻中国和日本领事，中文名为阿礼国。

以露骨的"枕边书"（源于中国）为代表的色情文艺，在日本有着悠久的传统，现已发展成影视产业，四处传播极端暴烈的性镜头，早已远离服装和广告所暗示的天真烂漫。 41

我在日本第一次去街角小店买食品的时候，发现货架底层放着一排排的色情杂志和录像带，一些年轻人在哗哗翻看其中最露骨的把戏。同样，大部分日本宾馆提供五花八门的收费色情频道，一些相当于英国《世界新闻报》或《太阳报》的日本报刊也经常刊登男女交媾的漫画。

我向朋友们表示震惊和不解。他们解释说，日本人将性看作中立的东西，思春是自然之事，与异性或同性媾合太正常了。日本人认为，从公元8世纪开始盛行的色情艺术也是一门艺术，无异于烹饪、书法、剑术。日本人坦然学习性行为，无异于学习演奏乐器，无异于学习正确的茶道主持方法。性，向来是人类生活的重要内容。中世纪日本的性工作者，身为这个领域的行家里手，甚至有幸组织过一个同业公会，不幸他们的地位日渐式微，到了19世纪，终于被圈进了城市边缘的特定地区，如东京的吉原。我们发现，日本至今存留着向男人展示身体的古老技术，以及一些细致入微、真正专业水平的性技巧。

日本女人认为身体是自己的，爱怎么处理就怎么处理。所以做一名性工作者并不可耻，更没有罪，日本人不会对此进行道德谴责。

伊莎贝拉·伯德访问伊势神宫的时候注意到，妓院和神宫居然是贴邻。日本人不觉得性与宗教有什么冲突。大多数日本人绝对无法理解西方人自相矛盾的态度：一方面认为肉体是神性的象征，是神身的复制品，一方面认为肉体充满罪恶和诱惑。至于西方人认 42

为肉体受制于宗教意义上的善恶概念，日本人觉得也很荒唐。肉体无关乎宗教，恰如吃饭和排泄无关乎道德，而顶多受制于尊严感和礼貌规则。

东京的吉原是一个隔离的红灯区，从整个明治时代存续到二战结束。美国占领期间，日本当局专门为美军设立了一个与此相仿的环境，说服妓女甚至普通妇女到那里去工作。

二战期间日本当局利用妇女为军队提供性服务，这个问题引起了高度的争议，也激起了中、韩等国的极度愤懑。我和日本朋友进行过讨论。显而易见，此事是以日本的性行业作为模式的，反映了日本人对待身体和性的态度，但是对于接受这项输出的国家而言，这与他们的观念全然抵牾。起初慰安妇领取工作报酬，但是随着战火燃遍东亚，各地逐渐停止了报酬。派遣到中国的日本慰安妇不仅包括妓女，而且包括良家妇女，她们是在当局敦促下奔赴前线，为军队提供"支持"的。日本慰安妇一般在大城市落脚，而在农村，日本侵略军为了复制这种制度，只能强迫当地妇女当性奴。当前，有些非日籍慰安妇正在向日本政府要求赔偿，但是迄今尚无一名日本慰安妇采取同样行动。

日本电影和漫画作品大力描写施虐受虐狂式的暴烈性行为，对此，日本朋友和我们一样纳闷。据他们说，日本有两类色情报刊，一类由著名的主流出版商发行，附艺术摄影插图，另一类由大量的地下小出版社炮制，在小摊亭和便利店出售。色情电影发轫于1960年代，当时电视方兴未艾，整个电影业陷入危机，只好另辟蹊径。最初的色情电影并不暴力。1970年代，色情电影产量大增，其中几部还获得了国际奖项。

❋

　　日本看来是一个最为"去性化"的大型文明。虽然 19 世纪后半叶迫于西方压力，日本对着装方式和公共浴场进行了"改革"，以符合"国际标准"，但是今日我仍觉得自己置身于一个天真社会，在这里，身体很少引起注意，人们对它不回避，不强调，也不恐惧、厌恶或喜欢。身体就是身体，它吃喝拉撒，它做爱，它死亡。还有什么可说？

　　但是另一方面，日本的色情传统像它的印度同类一样，是全世界最露骨、最翔实的。日本以它的天真烂漫吓了我们一跳，也以它享用性欲勃勃的身体的那种露骨而随意的态度令我们瞠目。他们显然心静如水地对待性，视之为一份欣悦，值得享受，也可以剖析，恰如我们对待饮食、艺术和友伴。

　　在日本，性关系不具有精神维度，与性发生瓜葛也不会有危险（只可能危害健康）。性就是性，不是我们与上帝或者与他人结合的象征——如基督教传统中那样。事实上，日本人认为性分为两类：为了感官之乐的性，为了繁殖后代的性。鲜有人把性当作交流手段。由于这种就事论事的态度，花钱买性成为了寻常景象。一位日本妻子为丈夫逛妓院买单，作为每月的家用项目，这种做法并不少见。然而，这种异常平淡而实用的性观念表现在二战期间，便引起了国外的广泛反响，非日籍"慰安妇"的遭遇激起了强烈的愤慨。谈到性，从西方视角打量，我不知道还有哪个大型文明能够如此稳当地平衡在纯洁与堕落之间。反过来说，许多日本人早就觉得，西方人的性态度极其伪善，一边负疚，一边淫荡，实在是神秘难解。

❋

　　我们选择吃什么、怎样吃，反映了我们内心深处的文化价值观。
44 从西方观点出发，日本饮食有两点与我们形同霄壤。第一，他们不
遵守文化与自然之间，或曰熟食与生食之间的严格区别。如果把所
有社会分成两大阵营，一个阵营倾向于尽量吃生食，另一个阵营把
食物烧得烂熟，那么，日本人就是身为现代文明却大吃生食的极端
案例。日本的著名生食可以排成一个巨阵，从活鱼身上切片生吃只
能算略见一斑。除了那些吃生虫子生肉的部落社会，我不知道还有
谁是日本人的对手。

　　世界上几乎所有文明都曾投入巨大的力量将生食转变成熟食。
较之英格兰人恶名远扬的烘煮过度的传统食物，较之中国人大煎大
炒的菜肴，日本食品仅仅进行了最低限度的烹饪。部分原因或许在
于燃料短缺，那小得可怜的、烧木炭和麦秸的传统火炉就是明证。
日本人将极简主义应用在生活的每一个角落，烹饪也不例外。除了
酱油和少许盐，香料瓶调料罐里很少有别的内容。

　　第二，日本人展现在生活所有层面的对美的高度敏感也延伸到
了食物上，饭菜的装盘摆碟甚至比饭菜本身还重要。谷崎润一郎评
论道："有人说，日本食物与其说是给人吃的，毋宁说是给人看的。
我倒要走得更远，我要说，日本食物是给人想的，是一曲无声的音
乐，漆器和黑暗中摇曳的烛光一起，把这一曲音乐给唤了出来。"

　　日本人喜欢精心摆放食物。一顿好饭菜就是一幅迷你型图画。
45 朋友告诉我们，且把灯熄掉，你闻不到什么香味的。相反，印度或
中国四川的咖喱饭菜看上去未必优雅，但因调料丰富，黑暗里吃起

来甚至比明着吃还要可口。

　　17 世纪，日本已是全世界最为城市化的社会。宫廷设在大都市京都，商贾云集于同等规模的城市大阪，执政者们正在即将成为全球最大城市的江户——后称东京——增强自己的权力。这三座名城之外，还有很多大城市也已形成，日本人看上去俨然是城市一族，当时如此，现在更是如此。乘火车穿越日本中心地带，或者探访南北两端的长崎和北海道，一路上很少看到偏远村庄甚或小城镇。日本人喜欢挤进大城市，不大有兴趣探索邻近的乡村，一般认为那里居住着相当落后的农民。

　　然而，看看几百年来日本绘画的内容，或者研究一下日本文学，你会发现它们在一个劲儿地讴歌浪漫化的田园生活，一种强烈的乡村偏爱跃然纸上。同样，城里人钟爱春天的樱花，热衷于朝拜日光和伊势的乡村神社，或者瞻仰富士山也是一种自相矛盾的故事。

　　东京生活给我们留下的深刻印象是：密密的房屋之间点缀着一座座小巧的花园和公园，清澈的运河里嬉戏着一条条金鱼，河边延伸着一道道小径。即使生活在一群人口稠密的现代大都市，你也觉得是生活在一群村庄里，每个村庄都有自己的身份认同和自己的田园气息。显然，日本人对大自然甘之如饴。

　　19 世纪，莫斯被日本人想把大自然引进城市的渴望所触动：

　　　　富裕阶层对自己的城内住宅花费了不少心思，到处打一些奇形怪状的老式水井，建一些又原始又土气的凉亭、篱笆和大门，总之，尽量使周围环境看上去像是乡村。……在拥挤的城市里，即使最贫寒的房屋之间，也常能发现人们利用房前窗下仅有的一小块泥土地，在它的旯旮处开辟一个微型花园——要么建在某种浅盒子上，要么直接建在地上。

这种自相矛盾的态度，大概可以归因于日本那些"准宗教"传统的影响吧。神道教信仰属于泛神论，崇拜大自然；佛教主张苦行，反对消费主义，热爱田园乡野；就连新儒教，也重视朴素的乡村价值，倡导的精神也迥异于通常的城市价值观。

曾经有若干个世纪，中型城镇——皆被卫星村庄所包围——在日本占据突出的地位。北部、南部和西部地区或许远离京都或者江户，却是成熟练达的城镇化地区。此中，日本实行的参勤交代制[①]起到了巨大的作用，从 17 世纪到 19 世纪中叶，有权势的大名必须在都市的宫廷中度过一半光阴，然后回到遥远的领地去过另一半。每隔两年，他们要在大群随从的簇拥下，沿着主干道来回穿梭一遍，由此，他们不仅将整个日本"连"了起来，而且绝不会长期脱离中央的最新传言和时局变化。

退一步去反思人类与周遭世界的关系，能够发现一些特定的模式。于是，我可以理解日本人为什么要创造一个人工大自然了。原来这人造自然是一艘象征性的木筏，日本人乘着它颠簸于生态、政

---

①　此处原文为 alternating residence，实指德川幕府时代的"参勤交代制"，即大名每隔一年必须到幕府将军所在地——江户（今东京）——居住一年，为之执行政务，然后返回领地执行政务；其妻则长期居住江户，作为人质。

治、情感的怒海，便可以安然穿越那合围的乱象。每个日本人都很重视个人空间的装潢布置，视之为护身避乱的蜗居。再说，装修得来的障子——轻巧的纸糊隔扇——还可轻松推开，让每一个日本人走出去，借力于象征符号，踏进"他山他水"，踏进一个入魅的、永恒的世界。

日本人能够做到这一点，是因为他们居住在一个几乎彻头彻尾 47 的象征性环境里，自然和文化的每一个元素经过他们的精心重塑，都代表着某种更宏大的东西，例如代表一种感情、一种思想、一整套哲学体系。象征主义的顶峰是禅宗花园。一件东西摆在禅宗花园里，它的特定颜色、它的肌理等等，都是大有寓意的，禅宗大师们将花园看作一个集诗歌、哲学、风景、象征性艺术于一身的融合体。日本人身边的一切差不多都是高度人工的、工艺的，但其终极目的是要显得自然而不牵强——只能是这样，而非别样，可信度犹如真正的艺术。总之，每一样事物囊括一切可能性，即使只表现其中一种可能性。

由此可见，与其他许多社会恰恰相反，日本人在自然与文化之间的鸿沟上架起了一座桥梁，消除了显见的隔阂。每一样事物变得既"自然"，又"文化"。月亮、瀑布、岩石、沙土是不折不扣的自然，但是日本人把它们框起来，变成了高度人工的作品。人造的大自然就此形成。同理，楼宇、茶室、寺庙、民宅原本是文化性的人工制品，但由于粗砺、不规则、阴影重重，它们又是自然物品。

我们发现书法也不例外，它是高度人工的作品，笔笔见功底，携载着人类的各样意蕴，然而，就它的自发性和美而言，它又是大自然的自由造物。建构式的日本环境所含的这一切意义，在我的理解能力的边缘闪烁着隐约的光芒。我体验着它们，但是无法形诸语言。

　　日本人拒绝在自然与文化之间划分界线，这恰好符合一种论点：日本人从来不给自己的世界划分领域。宗教在日本不是作为另一个维度而独立存在，结果，世界既是人类建构的，又不受人类控制，充满了超出人类知识范围的精神或精灵。一切事物，木、石、花、水，都在表达和象征某种非人类力量，构成了一片我以前只在童话故事和华兹华斯、济慈、叶芝的诗中遇到过的魔土。这是地球上最后的仙境，却不需要迪士尼公司来创造。

　　以上是日本镜中的第一波文化冲击，虽然只是"印象主义的"、初步的，却提醒了我们在未来的旅程中应当留意什么问题。这面镜子在自行反射许多东西：日本的古代性；中国对它的巨大影响——特别是通过儒教和佛教；朝鲜赋予它的灵感；西方国家对它的影响——特别是1870年代日本门户开放以来。世上并没有"日本"，唯有反射之反射。事情很复杂。至于日本艺术影响西方的艺术感受性，又像"飞去来器"似的从西方反射回来，还只是一个小小案例。

　　日本人反复重塑自己，镜子也随之变化不息。日本文明和表现该文明的日本艺术看上去时而非常"中国"，时而非常"日本"，时而非常"西方"。这是个活动镜面，像变色龙一样，哪一张强大的脸孔注视它，它就反射哪一张脸孔。它和普通的镜子不一样，因为它有记忆，不会忘却更早的映像。它有非凡的保存能力，其明证就是，它能同时保存能剧这类最古老的戏剧形式和歌舞伎这类较现代的戏剧形式，或者，它能同时保存古陶——源于绳纹时代著名的茶碗——和后来的细瓷。它是一面累积的镜子，每一个新的形象进来以后都发现，自己来到了千万个更早的象征符号当中。

日本的美学风格意味着一整套互不协调、彼此矛盾的形式。日本艺术不是一件事，而是许多件事，既包含唐突、直接、丑怪、艳丽，又包含委婉、含蓄、柔和，它们全都是同一种美学的不同面目。譬如，日本美术既是平面的，又充满透视法，既是实用的，又是为艺术的艺术，这都是日本美术的表现形式。

实际上，日本的欢愉主要寓于各种艺术形式之间的关系、人与人之间的关系、人与自然之间的关系、各种自然现象之间的关系。[49] 沙与石的互动、寺庙木建筑与背后山峦树林的互动、前景与背景的互动，乃是日本美学的重要内容。万物都相互关联，都通过颜色、空间和形状的选择而聚合在一起，最终，那些让日本人惴惴不安的界线和隔离——消融，和谐主宰了一切。

伟大的中国古典美术在留白和泼墨之间有着明确的分界，喜欢对称结构，呈现巴洛克的、中心化的倾向，日本人接受过来，然后抽离了它的精髓和它的分界。同理，虽然日本人曾将艺术制度化，允许它适应西方的分类——艺术抑或工艺、高雅抑或低俗、传统抑或现代，但是为时短暂，现在又已经眉毛胡子一把抓了。今天的任何访客都会发现一对对不可理解的毗邻现象，说明矛盾对立的种类又在携手并肩了。

如果我们打算走得更远，想探索文化表象下潜藏的东西，超越惊奇连连而又一知半解的第一阶段，我们就必须深入到经济、社会、政治、思想和宗教领域中去，须知这些领域在日本已有两千年的漫长历史了。

3

财　富

日本列岛是巉岩之岛，土地硗薄而且陡坡四起。大部分陆地或
因高寒、或因险峻，不能有效地用于农业。一道道山脊之间，仅有
少许开阔的平原或河谷，土质一般也很贫瘠，堆积着火山灰，难以
滋养作物，很多地区甚至饲用草也不肯生长。

15 至 19 世纪，日本人口波动在 1000 万到 2000 万之间，约为
英国同期人口的四倍。庞大的人口赖以生存的适耕土地，面积仅相
当于英格兰的一个郡县，生产力却又不及英格兰的一个郡县。当今
日本人口高达 1.2 亿以上，接近美国人口的半数，而国土总面积仅
相当于美国一个较小的州。

这一语境解释了为什么日本农业属于劳动密集—技能熟练类
型，而且晚近以前主要靠人类排泄物作肥料。有了这一语境，日本
19 世纪以前家畜的基本绝迹也就相当符合逻辑了——牛羊之类的
动物必定要同人类争抢那点可怜的潜在庄稼地。

沃土极其稀少，只得从海洋索取一部分补偿。日本首先是个
水帝国。犬牙交错的海岸线，意味着很少有哪个地区远离大海。日
本人永远在收获海产和众多河湖中的水产，他们对鱼、鲸和其他海
鲜有着如此痴迷的胃口，说明长期以来他们的蛋白质主要从水中
摄取。

海洋的存在，还为昔日的日本缓解了交通问题。陆路旅行是当
时的畏途，运载重物尤其困难，日本的栈道不是翻山就是爬坡，甚
至驮马也举步维艰。幸而日本的大部分地区能够经由海路到达，季

风带来的强降雨更是加深了一个雾海航行的文明的印象,日本绘画和文学对此有过非常优美的描述。

另一个重要特点是日本和琉球群岛的全长:最南端几乎位于赤道上,最北端几乎同西伯利亚相连。请想象一个从摩洛哥延伸到芬兰、或者从墨西哥延伸到纽芬兰的细长国度吧,你就能意识到日本的生态是如何多变了。

日本东南西北各有其狭域生态,每一个狭域生态圈的动植物群都不相同。这有助于促进地方性贸易,譬如南北之间的通商——南方可以提供热带水果,北方可以生产皮毛和鲑鱼。这也能在那格外野蛮的自然环境发威时起到缓冲作用,从而保护日本文明。

大自然专拣日本人来承受它的最具破坏性的力量。我们借用来自日语的"tsunami"① 一词描述地震引发的海潮,绝非事出偶然。日本隔三差五发作一次小地震,常常造成巨大的灾难性后果,给人生带来一种短促无常的况味,这是世界上大部分其他地区居民从不曾体会的。

访问日本的外国客人,无论长期滞留还是短期造访,一定能经历相当规模的地震,也一定能体会到地震不仅令人肉体上痛苦,而且令人心理上不安。从东京一幢建筑的十层楼上眼睁睁看着大地沉陷和漂流,我觉得,日本像是一个在某种动物的脊背上安营扎寨的文明。日本的精神、哲学、艺术,大都与这种不稳定意识相关。

53

---

① "tsunami",意为"海啸",日文汉字为"津波"。英语直接借用了这个日文词汇的音译。

此外日本还有火山，经常处于活动状态，周期性地将熔岩喷洒到周围的村庄。过去，活火山每隔一段时间导致一次地区性饥馑，同时也在提醒日本人，尤其是居住在温泉和热浴场附近的日本人：人类文明是在一个多么沸腾的、不稳定的、薄脆的地壳上临时蜷伏。

火山像地震一样，不单塑造了日本人的心理，也塑造了日本人的建筑世界。晚近以前，大多数日本人居住在很不坚固的房屋中，对于无常的自然环境，这种纤巧的传统房屋其实是唯一可能的应策。玻璃窗和大楼房是没有用武之地的，相反，细细的竹子、坚实的桑纸加木框，又柔韧又灵活，才能顺着大自然的力量而曲伸。

最后，日本还有季风。季风肆虐时，狂风暴雨拍击着高高的山峦，洪水冲下陡峭的山坡，毁灭性的山体滑坡劈裂了薄薄的土壤。如何控制水患，特别是滨海水灾和山洪，向来是日本人的关注焦点。我时常纳闷：日本人为什么不开发大山，却任凭它们大多数被森林所覆盖？土地这样稀少，日本人为什么不像那不勒斯人或中国南方人一样建造梯田、住进我们在其他稻作地区常见的那种山村？

部分答案很可能在于：日本人早就意识到，森林能将瘠薄的土壤保持在岩基上，撕开山麓的植被则意味着一场冒险，很可能触发洪水泛滥和土壤销蚀。如果有这笔钱——就像今天的日本人这样——来保存自己的森林资源，进口别国的木材，岂不是好得多？当然，季风国度限制良多，我们没有季风的西方人未必能看尽说全。

稻米是认知日本的关键。从历史上看，你简直可以宣称日本等于稻米，稻米等于日本。伊莱莎·西德莫尔写道："赫伯恩那部较 54

小的辞典① 给出了'稻米'的二十五个同义词，每一个都极为不同。在生长期的每一个阶段、在收割之后的每一种状态，稻米都有一个明确的名称，而且全部没有共同的词根。"1990 年我们第一次访日期间，交谈之中经常涉及美国大米如何强行倾销到日本，而日本人觉得无异于嚼蜡。

日本人的神圣饮料，米酒，就是稻谷酿成的。神道教的不少重要仪式围绕米酒而展开，神社的庭院里常可见到一些木架，上面高高地码放着空米酒桶。每一年，天皇都要在东京的皇家花园开辟一小块田地种稻谷。一位消息提供人评论说："稻米处处跟随我们国家，……跟随我们个人。我们结婚的时候要喝九口米酒，方能圣化夫妻的结合。我们还把稻米供奉给死者，供奉给佛陀，供奉给神道教的诸神。"

粗粗一瞥，我们或许忍不住将日本与南亚其他稻作地区归入同一类。但是情况并不这么简单，长期以来，日本的稻作农业有着自己的鲜明特点，致使日本甚至迥异于周边的邻国。

大多数水稻种植社会有一个共同的表征，那就是水稻和家畜兼收并举。在东南亚大部分地区，都能见到猪、鸡、鸭、水牛（有时候是普通母牛和公牛）与稻谷共生共存。这些动物为稻田提供犁耕，

---

① 大概指赫伯恩（或译赫本）编撰、1867 年以"平文先生"为名出版的《和英语林集成》初版，后来这部日英词典几次扩增再版。詹姆斯·赫伯恩（James Hepburn，1815—1911），中文名合文，美国赴日传教士，是日语拉丁拼音法"平文式罗马字"的创建人。

为菜园提供肥料，为人提供肉食，有些动物还提供奶品。

令人格外诧异的是，近五百年来日本远远地告别了这种普世性模式。17 世纪以前，日本倒有几种家畜，其中牛马居多，但不十分强调像越南那样的"猪—鸭—鸡—水牛模式"。17 世纪以降，仅有的家畜也差不多消失殆尽。英国旅行家伊莎贝拉·伯德于 19 世纪后半叶访问日本村庄时，发现当地极少有什么动物。农田里，篱笆下，树林中，外国访客满眼只见稻谷，外加几种杂粮。没有了动物，日本就没有了肉食、粪肥、奶品或禽蛋。因此，进入 20 世纪以后很久，日本人仍与乳糖不相容，也就是说，如果他们吃下牛奶、黄油或奶酪之类的奶品，他们会作呕犯病。没有了动物，犁田或驮运也就失去了帮手。

大约在 1600 至 1850 年间，随着劳动力的增多和精耕密作型稻谷农业的扩张，日本人系统性地取消了车轮和家畜的使用，而这两项基础性技术，一万年前曾为农业带来革命性变化，并宣告了全世界第一个农民文明的诞生①。日本人知道中国的手推车，但是看不出有什么理由要引入它和改进它。日本人也知道马车和磨，但是基本上不使用它们。一切都靠人挑人扛。

虽然日本人将纺纱、编织、制陶、锻冶等一大批新工艺发展得十分完善，但是论及农业，19 世纪后半叶西方凭其强势打击日本气焰的当儿，日本正在微不足道的一点熟地上大种稻谷，同时拼命搜寻海产，勉力喂养着一国庞大的人口。

---

① 第一个农民文明，指中国。

为了能维持一个过得去的生活水平，日本人在艰苦的条件下努力地劳作。有关工时问题的比较性研究表明，西班牙、意大利、印度的农民每日工时极长，但是日本农民平均说来比他们还要辛苦。

这种自律的、无止弗休的辛勤劳作，形成了一个背景因素，使日本人在本国工业化的进程中发挥了优势。日本之所以能够仅以一代人的时间，从一个低科技社会迅速崛起，在工业和军事领域超越了人口更多、基础更先进的中华文明和俄罗斯文明，吃苦耐劳的传统是一个原因；日本之所以能够仅以一代人的时间，从广岛、长崎和东京的废墟上创造出全世界首屈一指的经济强国，这种传统还是一个原因。

若欲认知日本人，就必须了解他们俭约、刻苦、坚韧的长期经历。只有这样，才能看到至今依然掩藏在表象底下的真实日本。较之任何别的国家，日本更是一个严酷无情的"保姆"，培养出一国勤劳的男子，尤其是一国勤劳的妇女，他们不仅在田间卖力地干活，而且卖力地生儿育女，养家糊口。

日本人对于来自其他文明的技术非常好奇，也特别善于调整吸纳他们认为有用的东西。18世纪，查尔斯·彼得·桑伯格评论道：

> 这个民族……将好奇心发展到了极致。他们仔细琢磨欧洲人带过来的每一件东西，也仔细琢磨欧洲人的每一件随身物品。他们不停地打听每一件东西的信息，问来问去，弄得荷兰

人不胜其烦。……我们的听众包括天皇、枢密大臣、政府高官，他们从头到脚打量我们，还要察看我们的帽子、佩剑、衣服、纽扣、花边、手表、手杖、戒指，等等。何止于此，我们甚至不得不当着他们的面写字，现身说法地演示我们的书写方式和我们的文字。

日本人的独创性也很出名。巴兹尔·霍尔·张伯伦写道："日本人最值得佩服的一点，或许是他们展现的这种奇妙才能：他们能 57 用最简单的方法，消耗最少的时间、劳力和材料，实现最了不起的结果。"19世纪中叶，日本被迫与西方列强发生接触，不久以后阿尔科克爵士注意到："在欧洲、美国、澳大利亚、印度举办的博览会上，日本人的艺术才华、灵巧的手工和天才的创造力赢得了热烈的赞赏。"

日本人带点顽皮劲儿的创造能力在玩具上表现得尤其显著。格里菲斯赞叹道：

> 我们不知道世界上还有哪个国家开了这么多的玩具店，或者办了这么多的集市出售儿童喜闻乐见的玩意。不仅每一座城市里满街都是儿童商店，店内塞满像圣诞袜一般耀眼的玩具，即使小镇小村，也能找到一两家儿童市场。

小泉八云写道，玩具展现了"日本发明家惊人的巧思，他们用不值一提的小成本，达到了昂贵的西方机械玩具所能实现的同样效果"。额尔金使团的一名成员生动地记叙了他的见闻：

归途中我们参观玩具店，买了一些玩具：可爱的"盒中小人"①；漂亮的草编动物；日本房屋……模型，装饰得像瑞士模型一样精致；木雕小人，其中几个亦庄亦谐；小瓷人，会摇头，还会出其不意地伸舌头；乌龟，它们的脑袋、腿脚、尾巴动个不停；滑稽逗笑的小人书；奇形怪状的面具；男女假发。这里展示的奇技淫巧足以在英格兰的幼儿园里掀起一场革命。

58　　一个世纪以后，日本人的创造性果然掀起了一场革命，不仅在幼儿园和学校，而且在西方文明的各个领域。比如，我的外孙女罗莎给我介绍过日本宠物蛋———一种电脑宠物———的种种神奇之处，等于是在谴责日本以外国家的类似产品实在低劣。

另一方面，每次访日我也总是感受到相反的惊奇：很多日本人对绝大多数新技术简直毫无兴趣。日本人制造了艺术品似的计算机和照相机，还开办了极其便宜的商店销售这类产品，但是就拿计算机来说，1990 年代前半期，日本的大中小学基本上不配备计算机，我们劝日本朋友添置计算机和注册电子邮箱的时候，发现他们对这个主意非常抗拒。

技术兴趣的缺乏是日本生活的一个长期表征。历史上很多外国技术都被日本人基本上放弃。如前所述，他们放弃了以农业为目

---

① 盒中小人，jack-in-the-box，一种儿童玩具，外表为一个带手柄的盒子，摇动手柄，响起一支曲子，曲终，盒盖打开，弹出一个小人——通常是一个小丑。

的的家畜养殖，放弃了——譬如——玻璃，甚至一度放弃了火药武器。迟至1920年代，日本人明显不愿意进口新式军用机械。以火药武器为例，从17世纪开始，日本人就极少使用它们，直到19世纪中叶受到外来威胁，才不得已而为之。

在我看来，日本人虽然有能力制造并且确实在制造迷人的小装置，但他们经常是心不在焉。与许多西方社会以及中国或印度恰成对比，日本人似乎对机器毫无热情。他们认为制造机器仅仅是一种赚钱手段，一种帮助他们在玩具设计和艺术上出奇制胜的途径。

新一代也许在变化，许多年轻人正在撤离现实生活中紧张而繁杂的人际关系，转移到一个可控制的赛博空间。不过我形成了一种印象，好像就连他们，也不是对计算机技术感兴趣，而是对如何利用计算机技术进入虚拟世界感兴趣。

检视一下日本的技术发展史，我们或许能在一定程度上解释这种矛盾。日本历史上发生过几次进口大潮，首先从中国和朝鲜，然后从西方。每逢发现进口物的益处，日本人就极其巧妙地加以改造。16世纪葡萄牙人的火药武器，20世纪后半叶美国人的家用电器和汽车制造技术，日本人都里里外外研究透了，然后比葡萄牙人造出了更好的枪，比美国人造出了更好的车。但是，日本鲜有足以改变世界的本土发明，直到20世纪最后二十五年，日本的电子产品才以其巨大的产量泛滥于全世界。

大量事例表明，凡在日本大受欢迎的技术，都在几个世纪以前即已达到完美境地，从此无需改进。例如13世纪的刀，又如稍后的甲胄，问世之日就很完美，此后从未有过真正的改进。日本著名的极简主义的精致家居和住宅，也是大约同一时期臻于完善的，陶器和漆器也如此。这第一次技术浪潮，几乎完全以日本从中国和朝鲜舶来的宏观发明为基础。

对于日本人来说，生活的目标不外乎是美、稳定、互惠、优雅、互敬，而不是制造和消费任何器械。拿破仑一句话就把英国人打发掉了：哼，"店主之国"！我怀疑某些日本人是否像拿破仑一样，把西方人的技术痴迷也视为恶俗。日本人的心灵灌注在别的地方。

我们完全可以主张，日本经济尽管披着现代效率和高科技能力的外衣，却还是一个互嵌体系。譬如，日本的公司和工厂本着企业精神，强调终身雇佣制，鼓励互相信任，甚至不惜以牺牲短期的经济利益为代价。另一个例证是日本的财阀制度，也就是说，一个公司坚持使用同一批分包商，即使这些分包商暂时敌不过竞争对手的价格。一次又一次，人们将家族式忠诚置于短期的经济利润之上，恰如阿瑟·凯斯特勒所言："日本人巧妙地创造了一个没有竞争的竞争社会，从此以后就一直坚守这项原则。"

长期合同和内部擢升的模式已有好几百年的历史，这的确是日本雇佣制度的独家特点，不过大型集团企业倒也存在内部竞争，从而形成了一个高度流动的劳动市场。在当代日本，人们已经很少一辈子待在同一家公司。受雇于一家大公司等于捧上铁饭碗的事情，主要发生在 1960 至 1980 年代，那是一个终身雇佣制的好时代。

其后，1990 年代一度面临西方的竞争性模式和工作机会的短缺，日本的终身雇佣制似乎濒临瓦解。但是最近，特别是自从经济再次复苏，战后"婴儿潮"的劳力洪峰渐渐退却以来，日本又开始从危机中振兴，许多大公司又开始回归有保障的雇佣制度了。

常有人指出，大公司的雇员人数仅占全国雇员总数的不足一半，小型家族公司才是主体。但是，即使在小型家族公司，也隐藏着一种变相的有保障雇佣制。当然，小企业一般没有空间供长期雇员晋升到最高层，因为老板会挑选自己的一个儿子继承家业，尽管如此，有着长期忠诚履历的雇员却可能被给予股份、合同或者其他资助，以开创自己的事业。他们建立的新公司与前雇主保持着牢不可破的关系。

日本各公司之间经常是共谋而非竞争，所以日本证券交易所的 61运作完全不同于伦敦或纽约的股市。日本人总是抱怨，中国人和西方人是个人主义者，见钱就捞，唯利是图。对比之下，日本商业充满强大的合作精神，各级官僚机构也采取"半社会主义的"、高度中央化的原则，去管理日本的经济。

福泽谕吉是 19 世纪后半叶日本现代化的伟大推手。他的一生恰好是日本人对待金钱和竞争的奇特矛盾态度的一个写照。他承认，在他青年时代迁居大阪的时候，尚对金钱心怀警惕。后来他却利用一部论西方经济的著作，力图将西方市场资本主义概念引进日本：

> 我开始翻译这本书。……当我遇到"competition"① 这个单

---

① 英文"竞争"，此语虽被日文／中文移译为"竞争"，但英文字面含义与日文／中文字面含义并不相等。故暂且不译。

词的时候，由于日语中没有对应语，我不得不采用了我自己发明的一个词语——"竞争"，字面意思是"竞赛"。负责官员看到我的翻译，显得非常吃惊，然后突然说："这里有个'争'字。什么意思？一个多么不和平的字眼！"

福泽谕吉极力解释，但那位官员拒绝把译文拿给上司过目，因为"争"字太具攻击性了。后来福泽谕吉辛辣地评论道：

> 我想他可能更希望在一部经济学著作中看到"人人友善相处"、某人忠于自己的主人、某商人在国库拮据的时刻慷慨解囊之类的字样吧。但是我对他说："如果你不同意'争'字，恐怕我只好彻底把它擦掉。能够忠实于原文的再也没有别的说法了。"

西方的"economy"①概念，代表一个独立的建制领域，不受道德和社会的约束，但它在日本从未得到百分之百的贯彻。显然，日语中没有一个恰如其分的词汇可以表示"economy"，日本人的"经济"一词，指的是"整个社会生活的政治—精神指南"。

每当日本的某个人作出决定，要采取我们归类为"economy"的行动时，他或她就会考虑很多因素，包括长线的社会关系、别人的想法、面子和身份、和谐和善意，等等，而这些因素的重要性，对于一个占有性个人主义②社会而言却轻得多，因为那里的行为准则

---

① 英文"经济"，暂且不译，理由同上。

② 占有性个人主义：possessive individualism。这种理论主张，个人作为财产（这

是极端的竞争。鉴于日本人的表现，我们不难相信，日本仍处于一种尚未转型的互嵌局面。

日本经济还有一个值得同等注意的相反表征，那就是，自从中世纪的巨大谷物市场鼓励人们投机，由此形成了世界上第一个"未来"市场以来，日本经济就开始显现早熟的"资本主义"征兆。出现了大阪等大型商业城市，成千上万的商人在那里从事买卖活动。货币的使用和对货币价值的理解如此普及，甚至到达了边陲地区。中世纪后期，日本已是一个白银本位的贸易大帝国，且拥有一个发达的制造业，以优质的产品行销海内外。

日本的文学和视像艺术描述着一个繁忙而快乐的商业国民，17世纪以来歌舞伎也在为此大唱赞歌。历史上曾有好几个世纪，日本确实是世界上最为城市化、最具商业计算能力、最为市场导向的社会。18世纪初，井原西鹤写道："某个人或许是最高贵的藤原家族[①]的后代，但是如果此人与负贩者流为伍，生活贫寒，他就比街头卖艺的要猴人还要低贱。城市居民没有第二选择，他必须追求财富，立志做富豪。"此风在城市居民和商人（町民）身上尤其强烈，不过这种经济学家式的务实态度也蔓延到了全国上下。

因此，我们看到的社会既是互嵌的，又是资本主义的，既谨小 63

些财产包括个人自己的身体、能力以及个人通过使用能力而获致的一切）的所有者，这样一种身份本身便赋予个人以自由、独立和平等。

① 藤原家族出过不少朝臣、摄政者和艺术家，对日本历史影响很大，公元894—1185年常被称为"藤原时代"。

慎微，又颇具革命精神；我们看到的国民既是经济上的成功者，又对纯粹追求利益最大化的粗俗行为表示怀疑（和一点厌恶）——多半认为这是西方人的下流品质。日本人有点使我想起了西方的新教徒：他们因谨慎、勤劳、诚实而致富，但不事张扬，从业之时仿佛是在从事宗教活动，而非经济活动。

日本经济体系既是高度理性的、高度竞争的，又是互嵌的、"黏糊糊的"，这种明显的矛盾性质曾令我十分困惑。中世纪经济史学家樱井英治教授向我说明历史背景之后，很大程度上消解了我的疑问。1270 年，中国的金属小钱币日益流入日本，日本人遂开始广泛使用货币；纳税也须用钱币而不能用稻谷，日本人遂开始生产商品以筹税金；商品价格由供求关系决定，一个商品生产意义上的有效的市场经济遂告建立。

但是很奇怪，货币的使用并未像其他社会那样，延伸到各种社会关系上，而是局限于物的范畴，不侵入人际关系。劳动市场不受商品价格的影响。例如，东海道虽为当时日本的主干道，沿途的住宿费却是从 14 世纪到 16 世纪始终不变，尽管同期稻米价格因供求关系的变化而起伏不定。又如，木匠全年每一天都从日出干到日落，每一天的工时当然就不一样，但是无论冬夏，每一天的工钱却分毫不变。

为一位雇主打工，被视为一个人以劳动赠送的礼物，工资则是雇主对这份礼物的回报。所以日语表示工资的词汇叫作禄，意为"礼物"。健一解释说，过去日本人坚信金属钱币具有一种特殊的魔力，它能斩断社会关系，因此他们经常把钱埋起来，或者存放在特殊的地方，譬如存放在神社或寺庙里，那里甚至有放贷的僧侣呢。

敏子让我们进一步明白了来龙去脉。她说，日本人历来将支付商品的钱和支付服务的钱看作两码事。19世纪以前，学费的支付不是强制性的，而是自愿的，支付手段通常是物，而不是钱。教师不能要求收取报酬，也从不开账单，更没有法定的取酬权。学费也不固定，由家长们自行商量出一个大致数额，所以教师经常收到不同数额的学费，皆取决于家长的贫富。如果一位家长开口问该付多少，会被认为很不礼貌。

19世纪后期庆应大学建立图书馆的时候，借阅费极低，并一直保持到今天。日本至今仍有各种"志愿"付费。敏子的弟媳是钢琴教师，但她发现简直不可能索取报酬，全靠学生家长凭良心办事。一般说来，家长付费的同时，还会择日送礼，由此更加凸现了将学费视为"礼物"的观念。可见，学费的支付是社会关系的一个内容，而不是冷冰冰的经济交易。日本的劳动合同也以礼物格式书写，将经济交易伪装起来，以免赤裸裸地直接付钱。显然，劳动报酬是应当作为礼物"包装"起来的。

这种方法适用于日本历史上的大多数关系。譬如，武士被主人给予一种聘金，叫作恩，无论这份"礼物"多寡，武士为主人尽忠的程度必须一样。大商行的雇员亦如此。直到今天，日本的雇佣制度仍然渗透着一种感觉，仿佛雇主与雇员的关系之深，远不是支付一份货币工资就能完事大吉的。雇员觉得自己是公司的一员，却不觉得股东是公司的真正所有权人。甚至今日，纳税依然被当作礼物。65

纳税人"赠给"政府税金，然后政府——据说是出于互惠和行善的动机——提供服务。日本人相信，他们不是在被征税，而是被请求献出以德报德的美意。

一方面是拿物说话的十足的市场体系，另一方面是人际关系交织的人格化体系，这种二元体系不合常规，但至今仍体现在日本的经济中。关于日本的二元经济，经济学教授吉川洋解释如下：制造业效率奇高，非制造业的效率只相当于美国的一半略强；制造业生产无数产品，却不吸引劳动力，吸引劳动力的是非制造业。他认为，从生产转向服务业，再转向世界水平的建筑业、银行业、零售业，日本其实并无优势。任何去日本各地旅游的人都能发现，宾馆、银行、商店等机构严重超员，这是因为，你对物可以无情，对人却必须体贴。

在许多非货币化社会，物和人受到同等的尊重，两者都陷入一连串复杂的互嵌关系；在西方的资本主义经济强国，人和物被视为同等的商品，两者都接受竞争的、残酷的、市场导向的待遇。而日本呢，是将这两种体系的元素结合起来：物属于竞争性的市场，人属于盘根错节的关系。

或许可以提出，有很长一段时期，日本的财产权观念与奇特的英格兰法律体系中采取的观念颇为相似，今天也基本如此。在日本和英格兰，至少从 13 世纪开始，持有一份不动产的个人是可以按自己的意愿将其让渡出去的。这一点，可用中世纪英格兰的一个说法加以诠释："在存者无继承人。"即是说，任何一个人都不能认为自己能从他人那里自动继承遗产，因为，即使到了最后一刻①，不动产所有权人也可以将自己的不动产卖给别人，或者以一份遗嘱将它留给别人，从而剥夺此人的继承权。日本也一样，所有权人在亡故之前的任何时候，都可以要求自己的全部子女离开农场或商行，从而将农场或商行这类不动产传与一个无亲属关系的、收养过来的继承人。

日本和英格兰曾是世界上仅有的两个实行单一继承人制度的大型农业文明。至少从 15 世纪开始，日本大地主的大份地产，甚至绝大多数日本人的不动产，通常都只传与一名子女，实际上等于剥夺了其他子女的继承权——尽管父母也可能给予他们一小份钱或一小份动产。世界上比较通行的继承制度是，全体儿子每一名都能自动获得父母财产的一个相等份额，全体女儿则每一名获得一笔财产作嫁妆。英、日两岛都不实行此种制度。

英格兰和日本相似的封建财产权制度中存在的契约关系，不仅将它们与其他一切文明区别开来，而且，这种财产权制度很容易演化成极其个人主义的所有权。许多人认为，这种独特性正是英格兰和日本分别取得经济成功的奥秘所在，因为它能保障财产事实所有人的安全持有，保护经济利益，抵制将财产分割、再分割的普世倾向。

---

① 　最后一刻，指财产所有者临终之际。此段的含义是：即使是不动产所有权人的儿子、女儿或其他亲属（妻子除外），也不能期望自己自动成为继承人；能否继承，要看不动产所有权人的意愿，譬如看他的临终遗嘱。这就是所谓"在存者无继承人"（No one is the heir of a living person.）。关于英格兰的继承法和继承制度，本书作者在其《英国个人主义的起源》（商务印书馆中译本，2008 年）一书中有详细论述，尤见第 4、5 两章。

在这个意义上，日本迥异于持宗族财产权观念的中国，迥异于实行农民式财产权和划分种姓群体的印度，事实上也迥异于英格兰以外的任何地区。日本这种极其个人主义的、工于算计的、契约性的财产权制度，已经存续了好几百年，为日本实现现代资本主义以及今人已很熟悉的一种个人主义财产权制度奠定了坚实的基础。

67　　更密切地观察一下，我们会发现，也有某种元素将日本的财产权制度从根本上与英格兰的制度区别开来，由此将日本归入了另一类，一个杂交的种类。表面看来，一户日本人家的户主能像英格兰户主一样处理自己的不动产，但日本户主是在一个极为不同的情境下行事。他并不彻底拥有甚至根本不拥有这份不动产，实际上，他仅仅是一名受托人，是亘古以来一长串人的一分子，有着义不容辞的责任要去延续家系，或曰家。剑桥大学国王学院院士身份带给我的处境，我觉得，与他的处境非常相像。我有权经由院士资格竞选来选择我的继任人（经其他院士同意），但我无权出售国王学院、本院礼拜堂、本院图书馆的一草一木。因此，我的所谓自由权利是受到严格限制的。

在英格兰，借助"限定继承"[①]的法律手段，不动产可以被绑缚于家庭，但只限于最大的不动产。除此以外，英格兰的财产所有权人可以卖掉他（以及他的妻子）愿意卖掉的任何财产。他可以拆分

---

　　① "限定继承"，entail；或译限嗣继承。指一块地产的某种法律状态，也就是通过法律，使一块地产仅限于由事实所有者的生物学后代继承，以保持其大小不受损。

不动产,卖给出价最高的竞标者,没有谁能够阻止他。英格兰没有类似于法国人所谓"家系约束"——即家庭成员有权主张从"家庭的"不动产中获益——的习俗。

与英格兰相反,日本人绝对受制于某种"家系约束",有义务将不动产传与后裔,如有可能,最好在改善的状态下传下去,以保持世代沿袭。不过,日本制度同时也呈现了牛津大学或剑桥大学任何一所学院的特有表征,即:接受这份传予的人不一定非得是家庭成员不可。继承人由不动产的当前"经理人"或"受托人"挑选,如果此人决定,商行或农场最好由一名远亲甚或一位纯粹的陌生人来经营,就可以收养这个人,全体亲生子女便被剥夺了继承权。

这使我们很难确定,我们究竟是在讨论绝对私有财产权,抑或在讨论非私有财产权。两者都同等真确。日本人可以自由处理财产,但受到极其严苛的限制。英格兰只有少数最大的不动产成功地实现了限定继承,相反,日本的每一名不动产所有权人实际上都受制于家系约束,必须将不动产尽可能完整地传给后代。

这种差异或许部分地解释了我在探索日本的旅程中为什么会感到既熟悉又陌生。日本比英格兰显得更公共、更社团主义,个人好像只拥有小小房屋、简单家具之类的少量财富。但是另一方面,日本的国民收入若在全民中平均划分,却是巨大的。他们的日子应当过得像美国人一样才对,甚至更加阔气才对。但是看一下他们的房屋、花园和耐用消费品,他们的财物好像比美国人的少,尽管他们银行存折的状态比美国人的更"健康"。

教育、医疗服务、交通运输等方面的情况,我觉得近似于社会主义中央计划经济体系中的情况。日本重视合作组织和集体资产,而不奋力推行极端个人财产权。不妨说,日本似乎颠倒了 J.K. 加尔布雷思关于西方资本主义的评论:"穷国富民",但是在此过程中,又几乎彻底地消除了贫困。看起来非常矛盾:从理论上说,日本是最早将私有财产权制度化的社会之一,但从许多现实层面上说,日本人至今仍然生活在一个资产公有的世界。

最近一千年来,日本遭受饥馑之苦相对较少。18 至 19 世纪的三次大饥荒中的确死去了数万人,但是死难比例远远低于动辄饿死几百万人的中国、印度或俄罗斯。岛国的地理位置意味着,在 1945 年以前的数千年中,日本从未受到外国的成功入侵,基本上避免了战争的浩劫。

同理,日本也是一个不大受疫病侵扰的国家。10 世纪以前曾有一段时期流行严重的传染病,此后许多致命性重大疫病要么绝迹,要么不再大面积蔓延。鼠疫从未进入日本,疟疾似乎也在 16 世纪以前大体根除,伤寒和霍乱仅在 19 世纪后半叶爆发过,但死亡率低于世界平均数值。各种传染病中,只有麻疹和天花对农村发生过严重影响,但是像在英格兰一样,天花逐渐变成了仅儿童才会罹患的疾病。至于痢疾等常年疫病,导致的死亡率是有限的。所以说,就死亡模式而论,历史上的日本有别于所有大型的大陆文明,唯独与英格兰不无相像。

1580 年左右,日本重新统一,嗣后的一个世纪里,日本农业有了长足的进步，出生率大增，人口翻了一番。但是在接下来大约一百五十年间，尽管国民收入稳步增长，人口却未见明显增长。19世纪人口再次激增，直到20世纪中期才止息。时至20世纪后半叶，每户家庭的子女数量继续低迷。

历史上，日本人倾向于采用一种特殊的手段精确控制男女人口，将数量限制在他们认为狭小而吝啬的国土能够养活的程度。日本妇女不仅不像印度或中国妇女那样十几岁就结婚，而且很多根本不结婚。但是，日本妇女即使二十岁左右结婚，也还是很年轻，假如不采取积极措施，人口还是会迅速增长，鉴于日本死婴率较低，平均每名妇女完全可以生出八个孩子，甚至更多，然而一般的日本妇女是得不到什么避孕措施的。即使今天，日本人采取避孕手段——尤其是口服避孕药——也不如西方那么普遍和自由。1972年日本医疗卫生管理部门曾正式禁用避孕药，担心其副作用会危害健康，直到1999年避孕药才重新合法化。

不能避孕，于是历史上的日本人选择了另一种解决之道，那也 70 是太平洋地区偏远社会——它们面临同样严重的人口问题——采取的办法。在日本某些土地匮乏的地区，许多农耕共同体使用堕胎和杀婴并举的办法，对子女的数量和存活子女的性别比例进行微调。这种办法既痛苦，又伤感情，而且造成多方面的浪费，给妇女带来了极大的压力。但它非常有效，能精确计算人口然后付诸实施，犹如对牲畜实行优胜劣汰。

高堕胎率延续至今，以致日本有专门纪念亡婴的寺庙，庙里辟出一块地方，摆满小偶人儿（费用可观），表示悼念。被杀死的婴儿叫作"水子"，有人相信他们会回到当初出发的"湖水"里，等待一个更吉利的时机重新出生。

　　20 世纪初，一位多次结果自己孩子生命的妇女讲了一席话，从中可以窥知是什么客观压力导致堕胎和杀婴，以及一代代日本妇女是多么伤痛和遗憾："为了生存，我别无选择。为了让现有的孩子活下去，必须把其他的孩子送回去。直到现在，我家地板下面还有一些石头标记，那里埋着我们的孩子。每天晚上我都睡在他们埋骨之地的上方。当然，我爱那些被我送回去的孩子，也可怜他们。

　　简言之，在工业化以前，日本经济连续增长了好几个世纪，却未导致人口的迅速膨胀，这种模式迥异于绝大多数文明所遵循的模式。

　　即使今天，绝大多数日本人还是过着相对简朴的生活，居所狭小，陈设也简单。往昔他们更是生活在地板上，吃无桌，坐无椅，睡无床，衣服也少得可怜。房屋经常四处透风，寒冷刺骨，唯有指望烧木炭的小炉取暖，遑论这房屋建造得又小又不结实。食物主要是大米蔬菜，无肉，也无奶品，饮料则是茶。因皮革难求，户外只能穿易破的草鞋或木屐。

　　尽管物质条件简单而又俭约，日本好像和其他贫穷国家极为不同：这里似乎较少有赤贫现象。伊莎贝拉·伯德等旅行家访问日本各地的时候，她的先行者们获准离开长崎湾隔离区的时候，都报告说，日本是一个欣欣向荣的世界，食物充足，旅店饭馆繁多，衣服经久耐用，室内陈设也还像样。

　　当时，日本人与条件相当的英国人或美国人相比，财物更少，消费更少，废物利用却更多。蛋白质和其他形式热能的摄入量也比西方富裕国家要低得多。但是日本人已经精心设计了一种能给未来生活以希望的生活方式，一种养生之道，一种较普遍的"富裕"，广义上类似于西方最富裕国家的小康中产阶级的生活标准。

日本人为什么如此重视废物利用和保护资源？斋藤修教授向我作了一些解释。日本的生产体系属于资源高效、劳动及技术密集的类型，折射出一个人口相当稠密而自然资源相对匮乏的岛国状况。这和美国的制造业形成了鲜明的对比。美国属于技术节约、资源浪费的类型，作为一个建国之初就幅员辽阔、人口稀少、矿产及其他资源都很丰富的国家，这种生产体系是不出意料的。英国介乎日本和美国之间，一方面资本密集，一方面通过培训和学艺而保持了一贯的技术高效。

日本人选取了一条不同于西方的道路。他们精确计算所需，绝不糜费，寻求的是功能高效和资源节约。不同于全球四分之三的国民，日本人直到 20 世纪前夕，都还不能——来一个形象的比喻—— 72 把鼻子保持在水面以上，只要发生意外灾难或意外支出，就可能惨遭溺毙。他们做不到永远温饱，他们像牛马一般干活，衣食住行极尽简朴之能事。

如何丰衣足食、如何清除排泄物、如何保持身体清洁、如何安排家里的时间和空间，对于诸如此类的问题，日本人的对策往往与西方人采取的措施大相径庭。上文提到的那些七颠八倒（在西方人眼中）的特性，就是这些另类的对策的一种反映。

以土壤、气候和人口密度而论，历史上的日本人面临着一系列异常棘手的局限性问题。但是，就在这些局限之内，他们通过共享财富、通过聪明智慧、通过废物利用、通过分清必需品和非必需品，创造了一个无可比拟的物质文明。

当西方人以肆意挥霍和超级富裕的姿态光临日本的时候，日本人接受了一点点西方的浪费作派。然而，当许多经济学家希望日本成为西方发明物的超级消费者，以便生成一个市场，来交换日本制造的奇物的时候，他们是绝望了，因为日本人至今仍持一种保留态度，仍有一个限制欲望的天花板，那就是警觉心。

每逢访问日本家庭，他们消费主义和保守极简主义的混合状态，他们关于生命短促、节约必要的意识，总是让我深受触动。我不禁想起了那些经历过战争的人，战后他们继续节约针头线脑，积攒旧瓶子破衣裳，连自己也不知道有什么必要这么做——除非突遇不时之需。他们毕竟是在节俭中长大，无法让自己撒开手来消费和浪费。

遭受二战的重创之后，日本人也度过了一个节俭时期。不过，此前若干世纪，日本人照样生活在一个资源短缺、需要定量配给的环境中，顶多是够吃够用而已。水里游的一切，地里长的一切，日本人要么拿来吃掉，要么拿来变成有用的东西。房屋是竹子、木头和纸做的，仿佛是从不稳定的自然环境中临时长了出来。衣服永远只穿必不可少的一点儿，而且也是从一个没有动物的自然环境中生成的，无非是绸衣、麻衣、草衣，甚至桑纸衣。

西方人与地球搏斗，攫取铁、煤、石，大量捕猎动物，由此"锻造"（注意"锻造"这一隐喻）了自己的世界。日本人却像狩猎采果族一样，从大自然的表层如同撇奶油一般"撇"出自己需要的东西。从多种意义上，日本的自然环境比西方的自然环境更慷慨，稻谷、竹子、桑树、茶叶都是一派茂盛，不需要机器就能自行生长，不像离了机器就无法生产商品的西方。稻谷等自然资源的丰饶成为一个因素，解释了为什么日本的人口密度早就超过西方，直逼中国。然而一旦到达极限，如前所述，日本人立刻采用既不同于中国、也不同于西方的手段对人口加以控制。

我们今天遇到的日本，诞生在一个迥异于西方的物质环境中。随着日本近年来的工业发展和技术进步，这种环境大体上已经消逝。1960 年代以前，论收入，论固定资产，日本还是一个比较贫穷的国家。1960 年代以后，论收入，论商品，日本已是一个富足的社会。如今，日本已被充沛的物质所淹没，一位在东京或大阪街头逡巡、浏览商店橱窗和饭店的游客，一定会觉得自己来到了一个消费主义的现代社会。其实大量的差别至今犹在。

在东京的一栋传统小屋——这类房屋已不多见——里一住三个月，用筷子吃饭，在地板上起居，在热水里泡澡，感觉地震的颤动，这真是莫大的特权，而且帮助我在一定程度上理解了首批来日本的欧洲人看见日本物质文化中最显见的部分，也就是目睹日本人如何 74 吃饭、穿衣、睡觉、居住时，为什么感到如此震撼。

日本对各类传统经济体系形成了挑战。它不是资本主义经济，它也不是社会主义经济，它是第三条道路。它不曾走过经济发展之途的任何一个阶段，所以无法被塞进通常的发展序列，即：首先狩猎采果阶段，其次部落阶段和农民阶段，最后工业阶段。实际上，晚近以前的日本兼具所有这些形态。

我确信，没有西方，日本绝不会发展科技和实现工业化——当年确实无此迹象。而一旦日本人知晓了这些发展，他们就能够调整利用，然后经营出一个高度工业化的经济体系，堪与原发地媲美，甚至超过原发地。这恰恰归功于他们那互嵌的内在体系，只要别国确立了工业模式，这种体系就会即刻一展它的有效、协调、信赖、勤奋和合作。

日本之镜的表面折射着西方的技术、科学和经济，待到我们进入镜中，却发现大有悬殊。西方经济理性的前提预设是个人利益最大化，但是这种前提预设并不适用于日本社会的大多数层面。确实，我们不妨提出一个稍嫌矛盾的论点：在这个最最高效的全球第二大经济体系中，根本没有什么"经济"可言。

4

日 本 人

从一定角度看上去，日本好像没有个人，西方式的个人主义从 未渗透到日本的表层以下。我记得，这种奇怪的提法在我展卷阅读日本人自我概念的时候吓了我一跳，不过那还是在我平生第一次遇见一个真实的日本人之前。

尽管日语中有不少相当于人称代词的词汇，却很少被使用。六岁以前，日本的男孩必须掌握至少六个第一人称代词，女孩必须掌握至少五个。但在通常情况下，日本人连一个相当于"我"的自指代词都不用。这位个人只顾站在"我"的外面，大谈什么"他们自己"，仿佛是从谈话对象的视角看问题。事情弄得如此复杂，以致在一场对话中，竟无法毫不含糊地解决谁是自己、谁是对方的问题。"我"和"你"互相交织，谁是谁要看情况而定。

日本人缺乏固定个人概念的另一个例子，是人名的用法。在西方，我们每个人都只有一个名字①，妇女结婚时或许会改姓，但名字是极其个人化的符号，一般会伴随终身。譬如"我"一辈子都是"艾伦"。相反，在历史上的日本（如同在越南和泰国），人生的不同阶段有不同的名字与之呼应，甚至死后还会改名。18 世纪，查尔

---

① 本章中所说"名，名字"，作者用到了三种说法：given name、Christian name 和 first name，基本上是同一个意思，前两者也可译为"教名"。姓氏，作者也用到了两种说法：surname 和 family name。在名与姓中间，还可以有一个或几个"中间名"（middle name）。英文姓名的顺序是：教名、（中间名）、姓，与中国人名相反。以本段提到的查尔斯·彼得·桑伯格为例，查尔斯是教名／名字，彼得是中间名，桑伯格是姓。

斯·彼得·桑伯格写道:"子女呱呱坠地,即从父母那里获得一个名字,倘若是儿子,他会将这个名字用到成年。成年以后须得更名。倘若后来谋到一个职位,他会再次更名。倘若一段时间以后晋升到另一个职位,还须继续更名。……"

爱德华·莫斯列举了一个日本人可能拥有的一系列姓名,其中每一个都可以更改:姓(氏族名)、氏(家族名)、名(相当于西方的教名)、号(学名)、字(又一个学名)、讳(法律名,用于签合同等事宜①)、死后的谥。西方人写信封,个人的名字(教名)排在最前面,然后由小到大一层层外移,直到最大的地名。晚近以前,日本人写信封的顺序恰恰相反,个人的名字躲得远远的,位于最不起眼的末尾处。

历史学家网野善彦概述了日本昔日人名的四大类别:第一,儿童时代的小名,一般为挚爱的昵称,如丸,意思是一个圆圆的可爱的小东西;第二,给人叫的名字,也就是称呼名,如一郎,意思是长子;第三,大名,父亲深思熟虑后起的名字,例行情况下由两个汉字组成,其中一个呼应祖父名;最后是成年后自选的名字,听上去应该又谦虚又传统。

如今情况已经改变,日本人一生中不再频繁更名。而且,即使名字不固定,也不再那么麻烦,因为现在的日本人更喜欢称呼职位,而不大称呼名字。大家互称先生(意思是"老师")、总裁、主任,或者任何恰当的头衔。如果身份变了,称呼也会相应改变。于是名片在日本大行其道,不是因为上面有"名",而是因为上面有身份和

---

① 讳,又写为"忌み名";据《广辞苑》,此词有三层含义:一、死后所冠生前实名;二、贵人实名的敬称;三、死后所冠尊称,同"谥号";未见直接提及"法律名"。

职位。

许多人注意到，日本与西方不一样，个人的"意义"并没有天生根植在一个人身上。日本不讲什么独一无二的灵魂和肉体，相反，个人的意义在于个人与他人的关系。我们可以从"人类"一词看出端倪。这个词在日语中是由两个汉字组成的，一个表示"人"，另一个表示"之间"，即"人间"①。所以不妨解读为，人类的一员从定义上就是一个关系体，而不是一粒自足的原子。所谓独立而自治的"个人"，这一概念是西方思想和西方个人主义的基础前提，在日本显然缺位。

这种本质的区别，可以从大量的观察中得到印证。基督教是以下述概念为基础的：个人，连同其灌输着神性的灵魂，乃世间独一无二之存在。这类个人主义的宗教为什么不可能在日本取得成功？天主教小说家远藤周作论及此事时，借用耶稣会传教士瓦兰特神父的说法给予了解释：

> 日本人的一生从不作为个人而生活。我们欧洲传教士一直未能明白这一事实。假定我们这里有一个单独的日本人，我们来说服他皈依试试看？殊不知在日本，根本没有任何单一的个人可以被我们称为"他"。这个人的背后有一整个村子，一整个家庭，乃至更多，甚至还有他死去的父母和祖先。

---

① 注意日语"人间"和汉语"人间"字面一样，意思不同。

在日本，群体往往优先于个人，社会被想象成一个有机的整体，个人只是其中的一分子，好比一个手指或脚趾，砍掉它也无关大局。日本生活的基石是一连串的群体：家庭群体、社会群体、政治群体、学术群体、工会、商号，不一而足，根据共识，日本人拥有世界上最缺乏个人主义的文明。

这种反个人主义的关系社会的出现有很多可能的原因。一个比较确定的原因是，日本没有一种起主导作用的一神论宗教，也不信仰什么与上帝相连的个人灵魂。日本佛教各宗都倾向于否认个人灵魂的存在。有人提出，另一个原因在于日本那轻薄的、公共的传统住宅，人人都挤在一个房间里起居和睡眠，谁也不可能拥有私密性。

78　　无论原因何在，结果是众所周知的：个人很难摆脱群体的压力而单独凸现出来。在日本，"个人"的言外之意就是"自私自利"，所以日本人经常引用一句谚语：锤敲冒头钉。学校、家庭、商业组织、军队中强求一致的压力是多数社会的共性，但在日本达到了极致。

甚至日本的童话故事也大力鼓吹互相合作的生活范式。乔伊·亨得里举例说："譬如，日本版'三只小猪'通常让头两只小猪逃脱大恶狼的攻击，然后与第三只小猪齐心合力，一起骗得大恶狼钻进烟囱，掉到热水锅里。"而英文版说的是，头两只小猪"因为缺乏远见而被大恶狼吃掉，第三只小猪却运用个人的聪明机智战胜了大恶狼"。

但是也有同样充足的理由提出反论，即：每一个日本人都是单独的存在。20世纪中期，哲学家丸山真男采用"章鱼罐社会"的隐喻形容日本：每一个日本人都单独呆在自己的罐子里，与他人隔绝，仅仅系在一根绳子上，这根绳子则将所有的罐子连接在一起。此前，19世纪的哲学家福泽谕吉也提出过一个隐喻："在那个时代，数百万日本人被关在数百万只单独的箱子里，被箱子壁板互相隔开，箱子内部几乎没有活动空间。"

另一个事实加深了孤独感和隔离状态：箱子或章鱼罐的最深处居然是一个无中心的存在。我们访日期间一位朋友告诉我们，日本人感到非常空虚，因为每个人的"中心"一无所有，唯有虚无。全部生活只是围绕这个空虚的"中心"打转。我们的朋友也许是在说，在他的想象里，每个西方人由于拥有一个个人灵魂和人格，所以感到"中心"是充实的，相反，一个单独的日本人却像是一个空空的房间。

"孤独的人群"是说熙熙攘攘的人群由单独的、离散的个人组成，彼此觉得很难沟通。如果世上真有过孤独的人群，那就是日本。无怪乎日本文学艺术中存在一股深深孤独的潜流。这与"侘"或"冷寂"之类的概念有关，前者的原意是"沉湎于悲哀绝望的状态"，后者表示"冰冷而孤独的氛围"。 79

从中国或印度的传统角度来看，日本仿佛是一种个人主义的、富于弹性的、充满竞争的社会。它远离中国的宗族制度和控制性的村庄共同体，也远离印度的种姓制度，有人将它描述为一个"小群体"社会。

事情的奇特在于这些小群体有多么微小、多么临时。它们可以只是匆匆相聚的两个人,一时满含深意,随即荡然无存,像落花和夜空中的满月一样短暂。日本人热爱花之落、月之盈,正是为了那转瞬即逝的感觉。

微型群体的最明显案例出现在茶道中。一场只有单独一人参加的茶道仪式是毫无意义的,如果有了两个人,即一位茶师和一位客人,就可以举行一场完满的仪式了。这个"群体"或许只谋面一次,谋面一小时,但在某种意义上将永远活在后来的记忆中,因为对方的眼睛已将一个人变得完整。

在当代日本人津津乐道的两个隐喻中,个人既是一团黏糊糊搅拌在一起的纳豆(一种豆豉或豆酱)的一部分,也是一条孤独的章鱼。每个人都是一面空镜子,在其他空镜子的反照中寻找自己。过去天皇曾是一面最大的空镜子,反照一切。空镜子可以吸入每一粒毫光。这就是"镜",也就是一个人吸入他人之期望的容量,譬如天皇和尊者就应当有海量。大卫·李斯曼的说法一语中的:日本是最
80 极端的"他人导向型"社会。每个人永远在那里获取信号,然后将信号转播回原处。

社会心理学研究表明,美国人一般说来比日本人更富于合作精神,也更信任他人。不过,如果将日本人嵌入一个特定的社会结构,予以监控和施以命令,那么日本人好像合作得也很不错。在日本,集体主义似乎是以熟人之间的私交网络为基础的,相反,美国人倾

向于认同一个大而化之的群体范畴，例如爱国心勃发的时候认同祖国，又如认同自己的学校或自己的足球队。可以看出，集体主义分为两种，一种是私人面对面的集体主义，一种是美国式的更抽象的集体主义。

我问日本的几位著名知识分子，您认为日本社会的最坏一面是什么。他们不约而同地回答，是强求一致的巨大压力。它使得日本人很难我行我素。日本是一个紧密交织的社会，要想做一名个人太不容易。日本人经常感到窒息："我们总是扎堆行动，我们的生活苍白无色，个人主义的外国人却活得多姿多彩。我们的思想千篇一律，趋于庸常。别人还没开口，我就能料到他们要说什么，事情被弄得非常乏味。"

日本人喜欢从众，喜欢集体行动。人际关系比个人重要，所以日本社会由一个个群体和一组组关系构成。小群体——譬如某个新教派或工会——可以出头反对多数派，但是在每一个小群体的内部，个人很难抗衡集体的压力。

乍一看，日本仿佛是一个牢固地以家庭为本的社会，与中国社会或印度社会没有太大区别。不少观察家认为，当今日本社会的基石是所谓"家"原则。家的本意是一条从祖父传到儿子、再传到孙子的男性家系，现在引申为一群相关者组成的团体。 81

这种拟亲属群体对日本生活发生了广泛的影响。且不论祖宗牌位要沿着血脉代代下传，就连农场、商行和手工业也都以拟亲属群体为基础，要求成员忠诚不贰并从政治上效忠。日本的社会生活和情感主要建立在一种延伸的家庭纽带之上，在工厂、神社和学校，参观者能强烈感受到家庭似的感情氛围。

经过更深入的探究和更仔细的观察，我们注意到了一桩怪事。在世界各地常见的以氏族为本的社会，全体子女都具有与生俱来的财产权，而且当然，全体儿子都具有同等的财产权；但是在日本，如前一章所述，任何一名子女都可能被剥夺财产继承权，长子也不例外。日本人只选择唯一一名继承人，入选者很可能是一名被收养进来的外人。亲属和非亲属之间的界线是人为的，一户看似血亲的日本家庭，或许实为一群陌生人，并无血缘关系，只不过披上了亲属的外衣而已。任何人都可能被招进这个家，或者被踢出这个家。所以，一个貌似家族的群体也许实际上是一个人为的创造物，一个合作的企业团体。

考量人们追溯家系的方法，我们发现，日本一千年来使用的方法，居然与英国和北美当今使用的方法完全一样。男系和女系被给予同等的分量，某人母亲的母亲，地位接近于其父亲的父亲。这种体系不可能产生牢不可破的亲属群体，因为每一名个人都会拥有一层层亲属圈子，从他或她自己向外蔓延，越变越广，而他或她自己与任何别人都绝不是一个同一体。

日本人的亲属称谓也与英美一致。此种称谓方式是把最亲近的家庭成员，即父母及其子女，单独离析出来，分别给予特殊的称谓，然后再将亲戚们笼统分成几类：aunts 和 uncles、nephews 和 nieces、各种 cousins[①]，等等，不区分他们是来自父系还是母系。

①　这些英文称谓的意义分别为：aunt 为"伯母"、"婶母"、"姑母"、"舅母"和"姨母"；uncle 为"伯父"、"叔父"、"舅父"、"姑父"和"姨父"；nephew 为"侄子"或"外

因此我们看到了一个采用双重体系的文明。首先，日本有一种其性质与亲属相似的、延伸到生活各层面的拟亲属集群，它以亲属情感和亲属忠诚为基础，但不一定以血缘或婚姻为基础；其次，在此之下，潜藏着一种与现代西方相同的家庭体系，相同点表现在人们如何构想彼此的亲属关系，又如何互相称呼。

日本的亲属体系是"人造家庭"，这在说法上就是一个矛盾。日本的家族感情比西方强烈得多、广泛得多，显然在很大程度上支撑着经济、宗教和政治生活。奇怪的是，它建立在一套与众不同的原则上——它基于人类的有意选择，而非基于天生血缘。它是个杂交体。

我们既有理由主张整个日本的基础是家庭，又有理由主张日本几乎不存在家庭。有大量证据可以支持后一论点，从而表明日本的实际亲属关系是支离的、薄弱的。很多人注意到，邻里重于亲属，对于核心家庭以外的亲戚，日本人比其他任何社会看得都要轻，甚至比英国还要淡然。

甚至兄弟姐妹之间，关系往往也很淡薄。人类学家中根千枝指出：

> 有钱的兄弟通常不帮助穷兄弟姐妹，只要他们能勉强度

甥"；niece 为"侄女"或"甥女"；cousin 囊括所有的"堂/表兄弟姊妹"。因其中每一个指称都无法以一个特定的汉语词汇与之对应，故不翻译。日文的对应称谓依次读作：*oba*、*oji*、*oi*、*mei*、*itoko*，其意义与英语对应词汇基本相同。

日，便听任他们分门别户。……自立门户的已婚同胞手足被看作外人。人们对此类亲属的责任和义务仅限于很低的层次：定期互致问候和交换礼物，参加婚礼和葬礼，发生意外或陷入贫困时给予最起码的帮助。

83　　就连女儿也形同陌生人。

日本人创造了一个既重家庭又不重家庭的弹性体系。任何一个具体家庭都是薄弱而支离的，但人人又都是"家人"。日本家庭是建构的、人造的，可以通过收养将外人引进它的腹地。甚至陌生人也是"名誉"家人，邻居、同事、朋友都能获此殊荣。生活中充满大家族似的感情和责任，充满高度的信任和温情，但也不乏现代社会对一个高效商业组织所要求的灵活性和开放性。

在传统日本，父母给子女施加压力令其结婚。父母一般会请媒人去寻找合适的对象，并安排双方相亲。井原西鹤写道，17 世纪的日本人抱怨："如今媒婆不再是友好的中间人，而是赢利的女商人了。"井原西鹤还告诫："嫁女儿恐怕是你一辈子只想做一次的买卖，务请牢记，其中一点一滴的损失都不可能事后弥补，故应极其谨慎地处理这件事情。"

时至今天，媒人或介绍人在日本婚礼上还是大人物。历来有大约半数的日本夫妇由媒人牵线搭桥，不过形势已在变化，20 世纪末，自主结婚的夫妇达到了 90%。

直到最近，大多数人婚前尚无长期求爱过程，也无年轻人的自发冲动。两个人被别人生生凑到一起，然后被告知，你们俩是合适的婚配对象，应当认真考虑婚嫁才是。但是日本的婚俗也别有一番风味，不大吻合我在其他社会看到的那种包办婚姻。

历史上日本人择配的基本标准不是对方的家庭地位，此外，对 84 于表亲联姻既不特别偏好也不彻底回避。日本婚俗与中国婚俗有很大的差异，譬如日本是允许同姓男女通婚的。婚姻的决策者是至亲——母亲、父亲，或许加上伯叔姑姨等，但绝不是泛亲属集团。婚礼上也很少发生财礼互换之类的经济交易。

而且，日本人很重视一对年轻人是否心理和谐，先安排两人单独相会几次，看看是否互相爱慕，然后才会操办婚姻。如果两人不满意，这门亲事就会取消。由于亲事是媒人说合的，双方家庭都不致颜面扫地。

那么爱情何在？日本文学和民间传说中充斥着浪漫的爱情故事，结局经常是青年男女抗拒父母之命，不肯鸳鸯分离，于是双双殉情。可见爱情无处不在。但是长期以来，日本人对西方人的态度深感震惊：为什么西方人渴望将婚姻建立在浪漫爱情的基础上，从而将伉俪之情凌驾于孝敬父母之上呢？

19 世纪末，教授日本文学的拉夫卡迪奥·赫恩指出：

> 日本人并不是因为我们西方的社会小说以爱情为主题，才视之为下流；日本的爱情文学同样汗牛充栋。不，他们将西方小说视为下流，多少有点类似于他们将一段《圣经》经文视为

有文字以来最不道德的句子，这段经文是："为这缘故，人要离开父母，与妻子联合，二人成为一体。"①

在西方部分国家，浪漫爱情的核心是一份压倒一切的激情，但在日本，即使到了今天，婚姻是否大都以这种激情为基础，仍值得怀疑。我的一位日本至友给我讲了他本人结婚的故事，等于从男人的立场作了一番概括。既经断定自己到了该结婚的年龄，我的朋友便在脑子里搜索了一遍来往最密切的女熟人，希望找出一个合适的对象，其中有三位因智力超群、性格出色，进入了最后的候选名单。这未免太有条理了，参加就业面试大概也不过如此吧，而他当年的就业面试正是这么做的。日本的妻子被看作一所学校的"女校长"，孩子们出生后就在这所学校接受抚养和教育。丈夫当然是"男校长"。

从我和已婚日本朋友的谈话看来，他们说到婚姻的时候，简直绝口不提什么克服孤独、心心相印、血肉交融、寻找灵魂伴侣，或者西方浪漫文学及电视喜欢宣扬的任何东西。婚姻是一个现实而又实用的安排，日本夫妻怀着对彼此的"喜欢"走进婚姻，而不大像西方夫妻那样怀着"爱情"走进婚姻。日本夫妻之间最重要的纽带，是两人对孩子的共同投资和慈爱。

日本的这种半包办婚俗经常在特殊的婚礼饭店里付诸实行。

---

① 语出《圣经·马可福音》：For this cause shall a man leave his father and mother and cleave unto his wife...。

一对未来夫妇被媒人撮合之后，就去找专办婚礼的饭店，在那里挑选结婚礼服，新娘穿上和服，一时之间变成了一位传统的日本新娘。接着，一对新人踏上一条未免有些消费主义色彩的滚动电梯，步向大厅，大厅里几百张宴会桌边，围坐着他们的同事、朋友和部分家人。赠礼、跳舞和致辞之后，新人撤退到楼上的洞房。翌日，新人离开饭店，去关岛或澳大利亚度一个短短的蜜月。一个星期的浪漫结束后，两人回到家里，丈夫扔掉一位浪漫情郎的全副架势，恢复他始终未变的工薪族或生意人的形象。

以上只是一幅漫画，但大体抓住了许多日本婚姻的单调性质。86婚姻期间，夫妻关系始终比较淡然，将他们融合在一起的，既不是爱情和强烈的情欲，也不是什么两人已经血肉合一的想法。正如日本朋友们公开承认的那样，夫妻俩依旧是陌生人，跟孩子更亲密，跟对方较疏远。

这种婚俗当前在迅速改变，很难说清它将何去何从。最近一次访日期间我们听说，由于年轻人越来越忙，没有机会结识潜在的配偶，近三年来婚姻介绍所数量激增。过去父母媒妁的安排的婚姻叫见合，现在的新模式尚无具体名称。2005 年以来，政府热心鼓励婚介机构，提出了一些指导性意见，以激发最佳质量。服务费按一定标准增减，从免费到三千英镑不等，故能或多或少保证找到如意对象。这种约会新潮流大抵和互联网的发展有关。

传统上，儿子与母亲的关系胜过他与妻子的关系，如果母亲命令他与妻子离婚，他必须从命。1898 年的民法典规定，妻子从丈夫那里获得赡养的权利排在第三位，后于父母和子女。

我问日本朋友一个问题：假设你不得不在救女儿命和救配偶命之间选择，你选择谁？他们毫不犹豫地回答："当然选择女儿，因为她是我们的血脉，我丈夫［或者我妻子］只是外人。"

日本人被描述为具有强烈的恋母情结，或曰甘①。其中蕴含的慈爱、忠诚和保护影响着儿子的一生。此外，夫妻之间的关系也一向
87 缺乏对称性，妻子对丈夫更亲近，丈夫对妻子较疏远。19 世纪初艾丽丝·培根对此有过描述："如果妻子去世，丈夫不服丧，仅子女服丧。如果丈夫去世，妻子必须终身服丧，并且剪掉头发放进棺材，象征永远忠实。"

日本朋友听说直到 1970 年英国夫妻离婚还很困难，都感到惊讶。与此相反，日本人近五百年来都比较容易获准离婚。两地对离婚的不同态度，很可能是两地对婚姻重视程度的反映：在英国，婚姻是社会的中枢，而在日本，婚姻纽带比较弱，感情分量也比较轻。

但是，在我和几对日本夫妇同处了一段时间，也阅读了一批日本历史和文学著作以后，我看出日本的丈夫和妻子之间也有某种亲密性。第一，子女终会离开家庭，在远离父母的地方安身立命。第二，丈夫和妻子共享财产，妻子掌管两人的共有钱款。此外，两人常将对方当作朋友。

我注意到，许多年轻的日本夫妇，主要是妻子，执意要求丈夫

---

① 甘，本意是撒娇。

在婚姻生活中将她置于首位，这样一来，就使丈夫陷入了难以对父母尽忠尽孝的困境。尽管如此，要想日本人普遍认同《圣经》中那段先夫妻后父母的革命性训喻[1]，还不是一朝一夕之功。

日本人塑造了一种混合婚姻体系。在西方观察家眼里，日本家庭生活的内部"力学"有时是一个深深的谜。夫妻相处，经常警惕地保持一臂之遥，与西方人心目中适意的、友伴似的婚姻相差千里。从本质上分析，日本夫妻是聚在一起的陌生人。有些配偶在子女出生后实行所谓"婚内离异"，不再同床共枕或诱导性事。日本人访问欧洲，看到中年夫妇还在同睡一张双人床，经常瞠目结舌。

不过在很多方面，日本夫妇似乎也很像友伴，过日子也出双入对。妇女不会受到严峻的隔离，不会被锁进深闺或者后庭。她们分享丈夫的生活，在家里拥有一大批决策权。她们看上去很自信，很多情况下与丈夫完全平等。她们甚至用略带讥讽的态度对待丈夫，丈夫下班回家后显得疲惫不堪，她们便把丈夫叫作"大垃圾"（就像日本狭小厨房里挺碍事的黑色垃圾袋），或者把退休的丈夫形容为"湿叶子"——他粘住妻子不放，实在讨厌，殊不知妻子早就习惯于自行享受丰富的社交生活和美学生活啦。

19世纪后半叶西方人去日本旅行时，以赞赏和惊异的口气记录了日本人对儿童的高度尊重和亲切照料。伊莎贝拉·伯德在游记中写道：

---

[1] 即上文所引"为这缘故，人要离开父母，与妻子联合，二人成为一体"。

　　我从未见过有人如此喜爱自己的后代，抱着孩子四处玩，牵着孩子的手走路，守望和参加孩子的游戏，不停地给孩子买新玩具，带孩子去野餐和过节，从不因孩子不在场而窃喜，对别人的孩子也给予适度的喜爱和关心。

　　其收获便是极乖的日本儿童："他们如此听话和温顺，如此乐于帮助父母，如此善待弟妹。我曾观察他们玩耍多时，却从未听到一句气话，也从未看到一个乖戾的表情或行为。"莫斯也注意到："日本是儿童的天堂。他们不仅受到善待，而且，较之其他任何国家的儿童，他们拥有更多的自由，他们更少滥用自由，他们体验着更丰富的乐趣。"

　　朋友们解释说，日本人的社会化过程是解开很多谜团的一把钥匙。母亲与孩子之间的触觉性纽带牢不可破，感情极其浓烈，导致孩子产生了深深的温暖感和信任感。孩子得到支持、受到鼓励、在母亲陪伴下玩耍、物质上被娇纵、身体上被溺爱、被母亲变成了她的世界的中心；母亲长期哺乳和怀抱，带孩子同睡一张床。这一切，既造成了依赖性，也让孩子觉得这是一个有意义的、呵护的、光明的、充满爱的世界。

　　日本人不企图给予孩子自由，或者培养孩子独立。孩子自襁褓时期起，就茧缚在爱和支持中，一直延续到六七岁，持久得惊人。不阻挠，无规束，如果孩子偶尔做错了，母亲也只是将全部的爱稍许撤回一点点。

　　孩子生活在一个入魅的世界，梦想和愿望一概能变成现实。游戏与幻想缠绕在一起，精神与现实纠结在一起。无论日本恶劣的物质环境如何逞凶，只要待在家里，外面的世界总像是——或被母亲描绘成——一个可信赖的、友好的、乐观的、安全的地方。孩子体会不到罪孽感和失败感，也觉察不到一步步逼近的独立。

　　日本成年人的人格主要是在这个阶段形成的。到七岁时，如此养育大的日本儿童与其他社会的同龄儿童之间已然有了一道鸿沟。日本人从小受到的教育是，要对自己的身体功能持放松态度，要信任他人，要欣赏人与人之间的密集互动。他们很少孤独或焦虑，也很少遭到遗弃或排斥。

　　当日本幼儿和少儿进入学龄时，父母会小心地、逐步地将他们从先前那备受卵翼的环境中转移出去。在昔日的欧洲或美国，孩子多半会被打发到大千世界，或者被送到学校去学规矩，学做独立的个人，为成年做好准备。日本正相反，孩子在入学后的几年里，环境几乎没有变化，唯一的区别是老师变成了父母的补充。在孩子就读的学校里，老师尽量充当大哥哥大姐姐，对孩子既不殴打也不惩罚。母亲也继续施予慷慨的关爱。

　　学校教育的前半期，亦即从入学到十二岁，孩子们要学习一套错综复杂的规则，以便将微妙的社会关系之"舞"跳得更远更广。他们得知，自己一辈子都会被多重人际关系密密匝匝地包围起来，他们的语言、礼貌和心智将服务于各种各样的期望和责任。像娇嫩的小树苗一样，他们被精心地塑造成材。

十四岁至二十一岁，从某种意义上来说是最耐人寻味的。在此阶段，西方人将会抛弃儿童时代的魅境，非黑即白的确定性将会变成深深浅浅的灰色。但是日本好像不会发生这种事情，相反，社会和知性世界一如既往，基本上不划分领域。似乎没有必要把十几岁的少年带出童真世界，引导他们进入另一种更冷然、更理性的生存状态，亦即成人生活，所以日本人成年以后照样生活在一个不分界的世界。

敏子和健一说，中国和日本培养儿童的方式是截然不同的，日本没有中国意义上的家长制。两人还告诉我们，原弘子在讨论儿童的管教问题时写道：西方成人站在孩子的前面，很正式地教导他们，告诉他们该做什么，做错了就惩罚他们；日本父母站在孩子的后面，注视他们，像牧羊人一样指引和保护他们。

91　　儿童成长专家陈省仁解释，如果我们想象，从儿童期过渡到成人期犹如趟过一条河，那么，西方和日本的过河方式有着本质的区别。西方父母已经趟到了彼岸，回头大声指点孩子如何渡过急流，但是让孩子自己做。日本父母却再次趟回此岸，把孩子带过河。而且，他们把自己的姿势和语言不折不扣地降到孩子的水平，与孩子肩并肩共度成长过程。给婴儿喂饭的时候，西方母亲倾向于居高临下地站在孩子面前，自己的脑袋高出婴儿头顶大约三英尺；日本母亲却与婴儿肩并肩坐在一起，自己的眼睛与婴儿精确地保持在同一水平线上。我们听说，日本妇女与孩子同处的时候，尽量模仿孩子的人格，用适合孩子视角的语言去建构世界。

　　喂六个月大的婴儿吃固体食物，如果婴儿想碰碰餐具，西方父母会压下那只挥动的小手，仿佛是说："这还太早，我才是行家，让我来帮你——吃饭的目的不就是吃饱肚子吗？"日本母亲却会把羹匙交给孩子，手把手帮孩子喂进小嘴里，似乎是说："你想做的事情都很了不起。就连现在这个幼稚的愿望也没问题；这是你想做的，我能理解，那就让咱们一起做吧。"我们被告知，日本父母常把孩子看作自身的影子，愿意通过孩子而重温自己的童年。

　　在西方，成人和儿童的精神世界往往是天地之隔。儿童的世界是入魅的，充满仙子和魔法；成人的世界应当是理性的、明智的，以逻辑为基础。成长过程被想象成一个从入魅到除魅的过程。但这一切在日本都无明显表现。

　　既然孩子是父母的延伸或父母的影子，日本人当然不体罚孩子（除了偶尔一揸）。日本朋友读英国小说，读到英国人往日实施的严酷体罚，万分震惊。他们告诉我，日本有一个说法：孩子是上天赐予的宝贝或礼物。过去日本人认为孩子的生命是脆弱的，容易夭折，因此还属于神灵世界，还不是人类。孩子与其说是小型的成人，毋宁说是半野性的存在，听命于大自然，自有一套不同于人类世界的道德律，要等到进入人类世界以后再逐步驯化。

　　古往今来，日本父母的目标是让孩子成长为一个健康、幸福、有社会意识、诚实、守法的人，如果孩子没有实现目标，父母就是失败者。如果你是正常的人类，你一定会承担生儿育女的天职，那是负担，也是福祉。

　　日本儿童自由无羁地开始他们的生命，然后他们被引上的那条道路慢慢变窄。不过他们很晚才被视为成年。虽然日本刑事责任能力人的年龄定为十八岁，但是敏子相信，十五岁只能算半个大人，二十岁算百分之八十的大人，二十八岁左右才能算完全责任能力人。

在成长过程中，年龄阶序体系可为父母减轻茧缚或保护孩子的负担。在许多部落社会，人们要么一辈子待在同一个地方，要么与群体一起作整体搬迁，因此个人与同龄伙伴的关系特别密切，那些曾与自己一同玩耍、一起渐省人事的孩子，也与自己一同成长起来，形成了一个终身的朋友圈子，气氛轻松，无需装模作样，相处之时永远天真、永远年轻。童年玩伴变成了一个同龄集团的成员，过去一起接受训练和启蒙，后来一起体验担任一家之主和当父母的滋味，最终一起走向老迈，他们的友谊发展成了铁打的关系。

当代日本人不完全如此，他们一生中会多次搬迁。但是观察家注意到，大中小学结交的朋友会把极端牢固的纽带一直维持下去。一旦你努力与其他同学融合、坦诚相待、学会欣赏他人、逐渐积累大量共同的体验和记忆，大家就再也不会抛弃这种密切关系。一个温暖的小圈子形成了，而且会环绕你一辈子。

羽翼丰满的成年期，按日本人的观念，来得很晚，所以也极为短暂。二十多岁方才开始，持续三十年左右便又结束，然后退回到一种温暖的、童稚般的、不负责任的生存状态，祖父母时期遂告开始。十二年为一轮，过了五轮之后，你于六十岁退休，重新变回儿童, 享受孩提应有的一切自由。如果愿意, 你甚至可以穿上红衣服、戴上红帽子庆祝你的重生, 因为你又从零岁开始了。儿童期与老年期之间的那段成年期, 仿佛只是一个悬空阶段, 犹如过家家般的虚幻。

日本人退休以后将权力移交给后辈。传统上, 告老的家庭主妇要把钱财事务移交给儿媳, 父母要靠边站, 尽管他们的继任人有义务向他们讨教。如今, 无论在家庭内部还是在其他组织内部, 年长者仍因经验、智慧和成熟而受到尊重, 不过庞大的老龄人口以及家庭结构的变化正在形成一些严重的问题。

现状报告与早期描述之间, 很有些值得揣摩的相似点。例如在 17 世纪后半叶, 井原西鹤是这样划分年龄段的:

> 日本人断定: 一个男人十三岁以前缺乏所有的辨别能力; 十三岁到二十四五岁他必须服从父母的指教; 此后他必须依靠自己的努力和责任心谋生; 到了四十五岁, 如果他前半生已为家庭兴旺打下了坚实的基础, 他便可以花时间享乐了。

健一则总结了日本当前的状况: "儿童时代野性十足、无拘无束; 中年时代内敛、拘谨、无私; 晚年和退休阶段重新变得自由自在、随心所欲。"94

日本人和西方人对待生命周期的不同态度反映了他们对人性的不同看法。日本孩子落草之际是野物, 不带原罪, 有待慢慢的驯化和慈蔼的教育。而在西方大部分地区，尽管很多人不是正式基督教徒，但是基督教的世界观至今仍是一笔强有力的遗产。儿童既是一个有灵魂、负责任的个人，而且浑身负罪、满心向恶，必须加以遏制。由于出发点迥然不同，西方的生命周期与日本的运行方向势必南辕北辙。西方人的生命始于比较严峻的童年（子女很快就被父母推得远远的，开始接受各种名目的训练），青春期一般更加严酷，直到自食其力之后，才能获释并进入成年期。

幼时我的长辈告诉我，送我上学的目的是为了"磨砺"我，为了促使我独立和自立，为了教我怎样抵制我那戴罪灵肉的诱惑和弱点，然后，我将逐渐独立于任何人，获得终身的自由。然而在日本人看来，如前所述，儿童是可喜可爱、天真无邪的，他们几乎不属于人类。他们必须学会把自己紧紧绑在父母和其他成人身上，然后一步步将这种依赖性扩展到别人身上，到了生命中期，当他们长大成人的时候，他们也许不得不在一定程度上独立，不过退休以后他们又可以重返童年了。

有大量文献论述日本育儿之道的结果，探讨父母子女间的密切关系对人格的影响。无须深入研究各色理论，我们便能看出，日本之所以形成了一个大体上既善良又乐观的社会，原因之一就是父母与子女共度了一个温情脉脉的儿童时代，使孩子们意识到世界上永远有一个理解他们的人。

19 世纪欧洲人访日，吃惊地发现男女之间看起来如此平等。菲利普·冯·西博尔德写道："日本妇女不会被嫉妒的男人禁锢在家中，她们在社会上享有公平的地位，能与父亲和丈夫一同参加任何纯洁的娱乐活动。因此她们保持忠贞全靠自己的名誉感。……"他补充说："日本人悉心陶冶妇女的心灵，不亚于悉心培养男子的思想。在最值得敬佩的日本历史学家、道德学家、诗人当中，女性的名字不在少数。"查尔斯·麦克法兰也有同感："日本的妇女地位——这是对真正文明的一大考验——之高，是其他任何东方国家难以望其项背的。"

对日本女性问题最具洞察力的描述之一，来自19世纪末艾丽丝·培根的著作。她注意到日本妇女在农业和家庭生产中扮演了关键角色，发现无论是为商旅业饲养马匹，还是服务于宾馆、茶室、茶场和至关重要的丝绸业，妇女都发挥了与男人同等的作用。她以生动的笔触描述日本妇女如何吃苦耐劳，既要生儿育女，照顾家务，又要在地里和林间劳作，使我不由得想起了我在尼泊尔高地看到的那个比较平等主义的世界。不过她又指出，日本也存在男女差别待遇和结构性的不平等，妇女的空间局限于家里，并且依附于男人。她还注意到一个倾向：社会阶层越高，男女之间越不平等。

最近三十年来，性别关系发生了深刻的变化，但我的印象与艾丽丝·培根的一分为二的观点比较吻合。在某种意义上，日本是我所知道的最为"单性"的社会，不过，男女差别也会随着时间和情境的变化而时强时弱。朋友们说，年代越早，男女在服装和生活方式上的可互换性越大。1960年代以降，由于财富的增长和西方妇女观的影响，更由于战后美国的推动，妇女渐渐被局限在家中，与男人隔离开来，男女着装和从业的差别也越来越显著。但是最近，我们在百货商店注意到，青年男女的装束又在日趋同化，男性开始选用鲜艳夺目的服装，女性穿起了黑沉沉的西服西裤。两性看上去再次趋同。

同样，男性和女性语言的区别虽然出名，却也不完全像看上去那么明显。譬如，紫式部女士写《源氏物语》所用的简化语言，从11世纪就被男子用来写日记了。今天，如果妇女从事男人的职业（有时确实如此），比方说，担任拳击教练（有人确实如此），或者经营一家相扑"屋"，她们便使用男性语言。看来一切都是相对的，男女的语言和服装根据社会环境而调整，并非一成不变。所以在歌舞伎中，最初是女人扮男人，现在是男人扮女人。

当然，日本有时候也强调男女差别，特别是在某些仪式、表演和服装式样上，但是在大部分日常活动中，通过观察男女儿童和成人，我得到的印象是，日本是一个既不大反对、也不大强调男女差别的地方。他们是见什么情境说什么话（而非见什么性别说什么话）。男女的社会角色或地位确实有一些差别，但是就权力、责任、着装、风度而言，也有大量的同化。

无论在小说中，抑或在绘画、法律或关于家庭生活的记叙中，我很少遇到一种唯"廉耻"论的大男子主义道德观和心态。当今日本大中小学校的"单性"世界似乎可以追溯到很久以前。

97　过去，男人和女人并肩劳动，除了社会最高层以外，一般日本妇女不刻意遮掩身体，也不藏在深闺里生活。妇女不须缠足，也不被排除在公共宗教活动之外。如果情况需要，妇女可以当画家、作家，甚至当武士。

至此完全可以提出，日本人淡化了性别问题。我们在很多社会发现了性别上的两极对立，据此，男人好比太阳、女人好比月亮，男人是光明、女人是黑暗，男人是右、女人是左，男人是掠食者、女人是猎物，日本却不讲这一套。

可是，如果我们试图将日本与西方的性别关系等量齐观，我们便抹煞了一些真确的差别。日本妇女出门之前，通常要修饰她们"白皙的脸蛋儿"。过去她们在性行业的"浮世"里为男人服务，今天她们仍有人在某些情况下操此营生。女人对男人讲话仍不得不用敬语，历史上更是被认为低男人一等。女人至今还被认为在心理上或文化上有别于男人，很多人（尤其是男人和年老的一代）也许还在相信男尊女卑。不过，当今日本男女之间的关系，更接近于两个不平等人结成的同盟，像是哥哥和弟弟之间的不平等，而不是双方在本质上的不平等。

在当今日本，毫无疑问，是妇女在用自己的组织能力和辛勤劳动支撑家庭和社会；是青年妇女在决定不结婚而让男人搁了浅；是婆婆而非公公充当许多家庭的主导力量。

日本妇女的地位很难评估。我们曾和一位刚刚结婚、即将与丈夫团聚的年轻女子聊天。她说她要辞掉工作，操持家庭，但是在孩子来临之前，也有充裕的时间从事自己的爱好和兴趣。她将充当家庭银行家，全面控制丈夫的薪水，而丈夫呢，甚至可能弄不清自己究竟挣多少。她强调，家庭主妇在日本被视为家庭经理人，所以较之许多西方国家，这是一个更为重要而光荣的角色。

98

由此可见，日本是一个平等和不平等交杂的混合局面，随着时间而消长，随着阶级和职业而变化。1990 年前的一段时期，西方的榜样对日本影响极大，不仅反映在夫妻角色的变迁，也引发了女性主义，导致了女性独立的宣言。但是在那以后，日本仿佛又在回归某种模式——近乎一种更古老的男女互相依存的本土模式。再一次，日本开始对西方的榜样去芜存菁，吸取一部分元素，拒绝另一部分元素。

如前所述，日本人之所以养成有口皆碑的勤劳习性，部分原因在于本国的艰难生态，以及历史上对劳动密集型技术的运用。但是困境并不是唯一因素。即使在今天的富裕生活中，很多人显然也以工作为乐，大公司雇员更是工作狂。埃德温·赖肖尔写道："在日本，一份工作不仅是一种以工资为目的的契约安排，而且意味着与一个大型实体在身份上的认同，换言之，是作为一个又大又重要的机构之一员的满足感。"工厂或组织越大，人们工作起来好像就越高兴。干工作如同参加一支交响乐团或足球队，是一项合作活动，能给合作双方带来深深的满足感。

日本人的工作态度与基督教之新教的工作伦理不乏相似之处，但也有本质的区别。两者的共同点是牺牲、自律、向他人证明自己、表现一种永在的焦虑、偿还一种必须获得回报的无尽债务。可是，对于大多数日本人来说，没有上帝，没有彼世，也没有天堂地狱；人类并非生来就是罪人，不需要在一个严厉的、不朽的天父眼中救赎自己，人类只有此生此世，那么我们恐怕就要问了：这种牺牲有什么意义？为什么有这份债务？

于是我们碰到了"恩"的概念。恩大致表示"一个人对所有其他人，尤其是向其表示过任何善意的人，所负的债务或义务"。最大的恩是对父母欠下的，这是一种人类层次的亏欠，但是相当于基督徒对基督的亏欠，它是永远不可能还清的。日本人终其一生都在努力报答父母赐予的生命礼物和孩提时代的关爱。常有人说，在日本，一个人欠下的父母之恩"比天高、比海深"。

但是，日本的恩情观远比这宽泛：每一个人，无论何时与他人相逢，都会招致恩的发生；不侮辱或不攻击对方就是一种恩。当然，如果一个人帮了别人什么忙，对方就欠下了大恩。每一个人都是永久的债务人，而且须臾不能忘记，报答他人恩情的任何一次努力，必然只是报答所欠恩情的"万分之一"。每一次报答只会换来新的恩情，这恩情不仅指对方如此大度地接受了你的报恩，而且指新一轮以恩报恩的压力。双方来来回回地投桃报李，引导日本人陷进了越来越深的债务。

在大多数文化中，一个包装好的礼物拿出手，受礼人会当场打开，赞叹一番，同时对送礼人表示感谢。在日本，这种做法却被认为失礼。受礼人把礼物原封不动地放在一边，根本不加注意，以免将任何一方置于窘境。只有等到送礼人走掉以后，受礼人才打开礼物，随即也就面临着一个普遍的问题：怎样以更慷慨的方式予以回报，以便友好关系能像跷跷板一样继续下去。

日本人如同镜子照镜子。怎样才能最好地取悦老板、同事和家人？他们可以通过毕生的真诚苦干而实现这个目标。不错，他们的苦干将会附带产生物质财富，然而更要紧的是，他们必须向大家表

100　现：我是认真想要付出最大努力的呀。

　　基督教新教徒极力取悦和感谢某个"他人"，是想消除自己对永灭的忧虑，日本人极力取悦他人，是担心得罪他人和丢自己的面子。两种情况殊途同归，都引发了无限的努力。但是，一个人越努力，就越有事情要做。好比回复电子邮件，回复得越多，要回复的就越多。

　　有证据表明，日本曾经是、而且至今依然是最不平等、最讲等级的文明之一。专家告诉我们，那里几乎不可能有平等关系。日本现在是、而且历来是人们所说的"纵向"社会，每一对关系都把一个人要么置于尊位，要么置于卑位。这种不平等性已经扎根于日本的语言、礼仪和整个生活。

　　赫伯特·帕辛解释了两个日语词汇的重要性。一个是亲分，字面意思为"父亲角色"，指"领主、主人、老板、领导、雇主、地主、保护者、教父、庇护人"。另一个是子分，字面意思为"子女角色"，指"手下、部下、走卒、教子女、臣属、被赡养人、被庇护人、劳工、雇员、佃户、仆人、门客"。从家庭到商行，任何组织都建立在人际关系上，将忠诚、服从、喜爱、敬重熔于一炉，令外国人感到陌生。一切关系都是私人的，也是不平衡的。一个组织不可能有两个主人，每一个人只对一位顶头上司负责。

　　且举一例。我的日本研究生即使当我不再教他们的时候，也继续称我为"先生"。事实上，先生一词体现了整个工艺、艺术、文科
101（包括教育）领域内部的纵向性特点，是一个实在不可翻译的特殊表

达。按 D. J. 恩莱特的说法，先生是"一个有魔力的词汇，但是含义模糊。先生的意思是'老师'加'学者'加'敬爱的主人'；它意味着智力、学问、文化、品味；它还意味着中国、短歌、俳句、能剧、陶瓷、禅"。先生部分是宗教导师，部分是"文科硕士"那类意义上的饱学之士，部分是庇护人，部分是父亲。 101

日本社会仿佛由小积木构成，这些小积木就是个人之间的尊卑关系、高低身份之间的忠诚纽带。男人被认为高于女人，传统上如此，今天也大抵如此。哥哥天生高于弟弟。父母高于子女。老板高于员工。教授高于学生——终身如此。

日语中根植着这种天生的不平等。所有日语动词的词尾必须指明阶序关系。即使两个人的年龄、社会地位和性别一模一样，也必须以一种仿佛对方高于自己或低于自己的口气讲话。

不过，在你推定日本是一个明确的等级社会之前，你必须意识到，你也可以论证相反的论点，即：日本或许是大型文明中最为平等的一个，平等性甚至植入了他们的上下级制度。我们参观东京北部的东芝工厂时目睹的集体决策程序，或曰禀议程序，就是一个活生生的证明。我们看见那里到处放着提案箱，还听说车间工人不断通过顶头上司，将革新方案呈交给厂里的最高领导，最终导致上级严重依赖下级、下级严重依赖上级。

丸山真男举出了另一个例子。他说，二战期间"在日本，掌握最高权力的人实际上只是一批被下级操纵的机器人，这些下级反过来又被海外服役的军官所操纵"。换句话说，天皇制度之能保持平稳运行,不仅靠"权力侏儒化"——将天皇施加的压力向下转移——的效应,而且靠"下级统治上级"。

102　　　我们之所以认为这不是一个明确的等级制度,另一个原因在于日本的社会结构。与英国和美国比较,日本通过它的精英教育体系向更多的人开放了均等机会。的确,日本社会存在由精英大学输送的精英阶层;的确,有钱的父母促成子女进入精英大学的现象如今愈演愈烈。但是与西方大多数社会相比,这种趋势在日本还称不上一股大潮。

日本的财富分配究竟比别国均匀到什么程度,是一个热议话题。均匀度其实是时高时低。19世纪末,日本的财富分配似乎比世界上绝大多数国家更均等;二战前夕的四十年间,日本变得像许多西方国家一样贫富不均;二战以后的三十年间,日本又向平均主义迈进;如今,日本再度出现了贫富不均加剧的迹象,有些分析家提出,收入不均的严重程度不亚于许多西方国家,另有一些分析家却相信,这只是暂时的偏离。

就身份差别而论,日本仿佛是一个异常平等的社会,不仅最近如此,而且千百年来如此。在西方人于18世纪末采取同样观点以前很久,日本人即已认为,人人应能享受高度的机会均等和财富均等。一千年来,日本没有制度化的奴隶阶层,尽管日本确实存在众多仆人——这一点与其他许多社会大不相同(唯独与英格兰特别相像)。有一种强调天生差别的制度叫种姓制度,而日本恰好是种姓制度的极端对立面,没有证据表明日本在任何时期是一个种姓社会。有史以来,日本从未真正划分经济意义上的阶级,甚至从未出现过牢固的世袭等级。

如果说以往日本真的存在过任何"阶序"集群，那也是天下独一份的原创。欧洲文明和印度文明在历史上均由四大"阶层"或"阶序"组成，这四大"阶序"则按四大职业群体而结集，排列如下：贵族领主、僧侣、商人、工匠—农民。日本社会也立足于四个粗略的阶层分类：贵族领主、农民、商人、工匠。此中，僧侣的缺位值得注意，同样值得注意的是农民排在高位，而生意人分成了两个阶序。

　　这种封建阶序解体以后，日本并未像英格兰那样走向阶级社会。历史学家发现，在过去的日本，社会流动①的可能性永远大得惊人。日本文学充满了"从木屋到白宫"式的故事。日本的社会分层像一个多孔的筛子，允许人们凭借才能和好运在各阶层之间上下移动。

　　日本人重视社会身份或地位，但是阶级意识、阶级对立或阶级差别却很淡薄。近期的民意调查大都显示，90%或以上的日本人自称为中产阶级，我看确实不假。在许多重要的方面，今天的日本是一个非常讲究平等主义的社会，实际上比美国和许多欧洲国家有过之而无不及。通过继承取得的财富，使人降低社会等级的贫困，成为英、美等据说很"平等"的文明的两大典型特征，但在日本几无表现。当年日本比今天穷得多的时候，艾丽丝·培根就指出："日本多有贫困，少有乞丐。无论强者还是弱者，每个人总能找到一份职业，带来一笔可以活命的薄薪，赐予每个人足够的理由可以无忧、

_____

① 社会流动，社会学术语，指人在社会地位、阶级或阶序方面的升降沉浮。

（右侧页边码：103）

开心甚至幸福。"无可否认，我在东京看到过"无家可归"的人，但是论总数，他们不算日本的常态。最近的一次访日表明，原本就不多的流浪人数还在进一步减少。

论收入的分配，日本的成绩远远优于世界上其他任何大型工业化国家，包括社会主义和前社会主义国家。日本大部分人口既不极富也不极贫。健一告诉我，日本社会人数最多的群体是一个庞大的"中产阶级"，实际上相当于英格兰人曾说的"低中层阶级"，亦即在工厂、事务所、商店等处从事非专业工作的员工。这才是权力在握的人。因此，当我自问日本适于怎样归类时，我发觉它自成一格，是一个最不平等主义的和最平等主义的社会。

104

日本人的一个重要概念是义理，大致可定义为"契约关系的履行"。稍稍深究，可以发现这个词拥有丰富的含义，是个极其"日本"的词，在儒教、佛教等思想体系中都找不到对应语。学者们发现，根本不可能确定义理是属于共同体范畴，还是属于结社范畴。

一方面，义理关系所具的形式或外在特点给人一种感觉，仿佛它属于共同体范畴中那种持久的、情感的、责任的、全方位的关系。义理指的是以一种特殊的方式对特定的个人履行永久的义务，它具有道德力量、情感深度和持久性，所以西方学者容易不假思索地联想到共同体。

另一方面，有同样强烈的迹象表明义理是契约关系，因为义理包含着一项个人自愿的或个人选择的行动，一个人必须作出一个自愿的、自觉的决定以后，才进入了义理关系。义理不是血缘和地理所赐。据此，一个人在婚姻中毕生与自己的姻亲保持自愿选择的"契约"关系，便叫作"履行义理"。我们可以看出，义理是一种责任感，不仅是对血亲、同村人，而且是对姻亲、上级，乃至是对依赖于我们的下级的责任感，事实上，还是对我们遇到的所有的人的责任感。总之，义理是一种绝对含有契约元素或结社元素的责任感。综上所述，义理恰恰落在共同体关系和结社关系之间的分界线上。[①]

从义理一词的发展史可以看出，它散发着一种与众不同的特殊气息。组成这一词汇的两个汉字，义—理，表达了一种抽象的"正义—理性"概念，日本人从中国吸收这一概念时，改造了它的中文原意，不再指普世意义上的"正义"和"理性"，而是指具体个人之间的义务了。你对他人的义务比你的私人见解更重要，义理的要义是摆正自己与他人的关系。

日本朋友反复告诉我们，义理不是契约。他们明确提醒我们："在我们这里，人与人之间没有契约。"对物可以签约，对人却不能："我们不能签约把自己卖出去啊。"用文件或其他形式确认人与人的关系，倒也可以，但是这类文件不制造人际关系，只表述人际关系。"我们或许看起来像是一个现代社会，但我们极不情愿对婚姻、财产所有权之类进行登记。我们根本不喜欢登记。"即使今天，日本仍无西方意义上的约束性契约。"我们自认为很现代，有了契约啦。其实我们身上缺乏契约气质。我们买东西或借东西的时候，更看重人际关系，人际关系超过了契约，其重要性远非契约可比。"

105

---

① 以上三段中的社会学术语"共同体"（community）和"结社"（association），根据作者的含义，前者主要是由血缘或地理等因素而自然结合的一群人，如家庭、社区、村庄等；后者主要是由个人主动选择从而含有契约性质的团体，如学会、协会等。

　　这就是日本鲜有民事诉讼的原因之一。例如，离婚事宜一般由夫妻二人自行解决，也许会找朋友帮帮忙，请律师只是万不得已的手段。"我们日本人从来不能理解西方的契约概念，"一位学者朋友解释说。物和人是两码事。与物的关系可以采用抽象"契约"这种单维度形式，而与人打交道，你就不得不进入一种多维度关系了，此时的立足点是"身份"，也就是具体个人的年龄、性别、社会地位，等等。

　　人情，是另一个用于同样语境的日语词汇，并且也同样落在了共同体和结社的分界线上。根据《讲谈社日本百科全书》，这一词汇"泛指爱情、慈爱、怜悯、同情、悲伤等普世性感情，是一个人对他人'自然'产生的感情，譬如父母与子女之间或者恋人之间的感情"。足见这是与共同体相连的感情。

106　　但是同时，人情又是人们在义理关系中应当产生或渴望拥有的感情。人情应当被带入各类人际关系，使之从枯燥而僵死的关系变成活生生的、充满意义的关系。这一来，就有可能导致张力，所以日本人慨叹："陷在义理与人情的两难之间啰。"这也是日本的莎士比亚——近松门左卫门——在其悲剧作品中经常探究的一对矛盾。

　　研究日本人的家庭概念，我们会发现，我们的研究对象是一个既不肯楔入"身份"范畴，也不肯楔入"契约"范畴的东西。这一点，原是出自人类学家许烺光的观察。许烺光看到日本的亲属关系与他的中国故土的情况如此不同，十分震惊。他发现，要想抓住日本的特点，他不得不发明一个新的术语，"亲—约"，也就是"亲属"和"契约"的合成。

在亲分—子分关系中，最基本的特征是它的契约性，因为它实质上是一种庇护人—被庇护人关系。但是，亲属和非亲属都可以进入这种关系，因此，一名血缘很近的家庭成员可以同时进入血缘（身份）关系和庇护（契约）关系。这在日本是个常见现象。

日本作者们频频指出，家庭，作为一种最具共产主义性质的建制，它的核心其实是契约概念。在日本家庭内，父母—子女关系是一种纯粹的"共同体"，但是除此以外，其他任何关系都会包含一种所谓"他人"元素。他人的字面意思是"与自己没有血缘关系的人"，然而你与兄弟姐妹的关系，你与丈夫／妻子的关系，都含有一点他人元素，故而日本谚语说："兄弟是陌生人之开端。"

这种双重性折射出一个事实：所谓家，亦即常被视为亲属大集群、常被译成"家系"或"世系"的家，并不是一个名副其实的亲属群体。这个词也大可翻译成"一个半亲属、半陌生人的结社"。家，最终也还是站在共同体和结社的双重地基上。

日本的著名人类学家都曾指出上述事实。家或家系是利用一整套亲属角色作为模具而塑造的，所以感觉上很像亲属体系。家内的关系采取了亲属体系中的父母—子女性质，故而你会觉得它全然不像一个官僚制的现代结社。但它又实在很像一个商业公司，因为，借用塔吉·莱布雷的说法："必要时，必须牺牲生物学的亲属关系，以保公司的利益。"从这一点来说，家恰好对峙在印度、中国等地的家族群体——或曰血缘群体——的彼端。

如果一种关系既包含共同体的情感责任，又包含结社所应有的弹性和招募新成员的可能性，那么这种关系的存在必会产生深远的影响。西方人要想理解它是怎么回事，最接近的途径莫过于去设想一门称心的婚姻。婚姻是你自愿进入的，基于双方的契约，不过，一旦郑重完婚，一对新人便被终身捆绑在一起，从此"同血同心"，形成一个真正的共同体。这种契约未必适用于日本的婚姻，但确实适用于日本的许多非亲属关系或非婚姻关系。

这种责任加弹性的混合体，被罗纳德·多尔称为"灵活的刚性"，有人提出，这正是日本商业取得辉煌成功的原因之一。在日本商业领域占绝对主导地位的，既不是契约性的纯市场原则，也不是身份关系造成的纯等级制。大多数西方人难以理解这种玄妙，于是只好再发明一个术语——"关系式契约"，去捕捉这种杂交性。的确，一家日本公司总给人以"家庭似的"感觉，员工们在整个职业生涯中，都喜欢聚在一起共度良宵，共享一种激情澎湃的生活。

在日本的小群体中，似乎存在高度的责任和深度的参与，人们面对面交往，关系错杂。然而这些小群体并不是因为出生、地域或血缘而形成的单位，相反，它们的基础是招募新成员，也就是基于一份原始契约（如同封建的效忠誓言，或如加盟一个商行，或如被一个家收养，或如被选为"继承人"）。日本的社会互动立足于两种截然不同的基础，甚至可以说是两种冰炭不容的基础，两者交叉，形成了一个复合杂交物，这也就是日本如此奇怪、如此迷人、如此强悍的众多原因之一。

日本人仿佛生活在连绵不断的共同体中，不停地迁徙。他们出生在一个共同体，在那里被温暖而又安全地抚养成人。然后他们迁往一系列不同的环境，从小学、中学到大学，再到工作单位，去终身学习如何保持温情和责任感。其间，当他们转移到中间阶段的时候，激情已降到最低，但余热犹在。归根结底，一个日本人与周围人们的关系总是"完整的"、包罗万象的，一辈子仿佛居住在一连串"村庄"共同体之中。

我抱着二元对立的思路抵达日本，满以为那是一个天平，可以把日本放在上面与其他文明进行比较。我的二元对立包括：个人主义与集体主义的对立，家庭性与契约性的对立，包办婚姻与爱情婚姻的对立，平等主义与等级制的对立，血缘关系与契约关系的对立。最终我却发现，日本是这一切，又不是这一切。它套不进任何一个封闭范畴。至此我依然彷徨。但是，既然日本的每一对关系好像都含有一点权力因素，我们说不定在广义的"政治"中能找到进一步的线索。

5

权　力

乍见之下，一位外来的观察家可能以为，在二战结束前的所有
历史时期，日本是一个专制帝国。日本天皇将神性糅入权力，权力
则从他的朝廷向四周辐射。那时的日本看上去像是一种天皇集权
制，向臣民要求绝对的服从，没有什么制衡可言。

但实际上，这种天皇集权制只存在过一个很短的时期——公元
8世纪至11世纪，而且仅限于本州岛①中部。即使在当时，权力也
下移给臣属去代理，此风远甚于中国。后来权力劈分为二，幕府将
军夺走了政权和军权，京都的皇族只留下了礼权，天皇集权制也随
之瓦解。12世纪至16世纪间，日本诞生了一种分布式权力，也就
是今人常说的"封建制"。它与英格兰的封建制颇为相像，而与人
们在旧中国看到的中央集权制极为不同。

正是在这一时期，日本经历了它的"中世纪"。那是个一盘散
沙的社会，权力机关林立，既有天皇朝廷，也有大寺院、神社、贵族，
还有地方领主，即所谓"大名"。每一种权力机关自有其治政之道，
形成一种混局。乡村居民为自我保护计，大都将土地敬献给某个威
信机构，例如当地的权贵家族或寺院，从而获允成为附庸，换得保
护。而威信机构为了巩固这种习俗，又前往京都，将本地物产敬献
给自己的有钱有势的庇护人。此时，公共治安的力量是弱小的，私
人之间的庇护关系却是强大的。

---

① 本州岛，日本最大岛，位于日本海与太平洋之间国土的中央部分。

中世纪后期，江户幕府为执政精英们引进了新儒家思想，家体系遂成主流。但是日本封建制度的前提与中国迥然不同。中国儒家思想的最重要观点是：家庭乃是政治忠诚的基础，日本的顺序却恰恰相反，对领主的忠诚优先于对亲属的忠诚。政治不仅成为经济和宗教的主导，也战胜了亲属关系。这种状态很不寻常，唯独酷似英格兰的状况。较之与生俱来的血缘关系，经由封建劳役或缴纳赋税而建立的契约关系具有更重的分量。

接下来，16 世纪后半叶，德川幕府重新统一日本，建立了一种新的政府形式，后人称之为"封建集权制"。这一事件与都铎王朝重新统一英格兰相似，不同的是，日本没有产生以中产阶级为基础的议会制度。此时，天皇手中依然没有多少权力，幕府将军所代表的中央权力却发展得更加强势。理论上，幕府将军应是一群平等者中的第一人，但实际上，通过与一帮强大的地方领主交易，幕府将军控制了整个国家。

19 世纪中叶，阿礼国爵士在回顾以往五百年日本体制发展史时评论道：

> 一代又一代，名义上的君主只行"统治"，帝国的权力代理人只行"治政"而不行"统治"，这种双重机制无疑是一种非常奇特的东西。经过漫长的持续过程，它似乎导致了一种独步于世的复式制度，几乎贯彻到生活的每一个细部。

1868 年，明治天皇推行维新，击败幕府将军，结束了礼权和军权的分立。此后发生的一件事充分揭示了日本政治与宗教关系中潜藏的特点。此事的发生正值西方列强虎视眈眈，企图集结它们的帝国力量渗透日本，使之步印度、中国和广大太平洋地区后尘的时刻。

1912 年，巴兹尔·霍尔·张伯伦撰写了一篇文章，题为"新宗教的发明"，此文在日本曾长期遭禁，后来才附在他的《日本事物》一书后面出版。文中，张伯伦分析了他所谓的"天皇崇拜与日本崇拜"，他指出："日本 20 世纪的忠君和爱国是一种崭新的宗教，因为这里面包含着对以往各种思想的筛选、修改、重新组合、赋予新的用途、找到新的重心。"张伯伦发现，这种人造的新传统"目前仍处于官员们有意识或下意识的组装过程之中"。张伯伦继续分析：为了这个目的，官员们将"神道教——一种业已失去信徒的原始自然崇拜——从高阁上取下来，拂去了尘埃"，官员们还一口咬定，天皇是太阳女神这位本地神祇的直系后裔，至于"法律和宪法之类，那只是天皇自愿赐予的无偿礼物，绝非人人皆有的大众权利"。

新的信仰体系尤其借助教育而强化。讲授历史时，"一切以帝制为核心，并尽可能抹煞古今环境的差别"，许多历史事件也被一笔勾销。张伯伦注意到，历史上其实有不少天皇被废黜、暗杀或流放。14 世纪甚至有五十八年间出现了两个互相竞争的天皇①，此后，天皇纯粹沦为幕府将军手中的棋子。

据说，这种神道—天皇思想的支柱是武士道精神。但是，关于这一点，张伯伦指出："1900 年以前，没有任何一部日本或外国辞

---

① 指日本历史上南北朝时代（1336—1392）的局面，当时幕府将军足利尊氏在京都建立了北朝，后醍醐天皇在吉野郡建立了南朝。

典中出现过武士道一词。……无论作为一种建制，抑或作为一部法规，武士道都不曾存在。有关武士道的描述是从整个'布匹'中单独织出一片，主要供外国人消费的。"情况现在已经非常清楚：天皇教是一种杜撰的信仰，整个思想体系——它是日本力争现代化和工业化的思想基础，并注定要导致日本卷入第二次世界大战——也大部分是向壁虚构。

我曾和几位日本著名政治学家展开过多次讨论，并概览了他们近期出版的著作，尔后对这件事情的始末形成了完整的认识。1871至1873年，岩仓使团访问欧美，研究西方社会的组织结构，旨在将西方的最佳理念带回日本。去往美国的途中，这群即将在早期明治政府中担任领袖的人花了不少时间商量：万一西方人问起日本的宗教是什么，应该如何应对？日本居然没有"宗教"，他们感到很丢脸，想到马上就要为此受窘，心里很烦恼。

在当时的日本，佛教主要只是权力的工具，神道教的宗教元素在德川中期也差不多被忘光了，只剩下一点仪式的外壳。到了江户末期，日本人已经变得如此世俗，当他们发现西方人可能真的信仰基督教时，不免又惊讶又尴尬。以他们的眼光看来，做一个基督教徒，不外乎愚行和迷信。他们不明白为什么聪明而又文明的西方人要把基督教立为自己的宗教——其中必有什么奥秘，而他们的推测是，西方领导人大概是把基督教设计出来，充当控制老百姓的一种工具吧，领导人自己只不过是假装相信而已。

未来领袖们出访归来，开始起草《明治宪法》，三思之后，他们得出一个结论：日本也需要一个功能相当于宗教的东西，以保国家的稳定，否则日本将会四分五裂。他们决定，神道教的"家族忠诚"

体系最符合目的，不过应当通过天皇崇拜来强化天皇的角色，以此作为基督教功能的替代品。结果，如一位学者朋友为我们意译的那样，《明治宪法》（第一章第一条）规定："日本由万世一系之天皇统治。"《教育敕语》变成了基督教《主祷文》的等价物，全体学生必须熟记在心。每一所小学都建起了一座小礼拜堂，用来供奉天皇肖像和宣读《教育敕语》。大家必须对天皇肖像鞠躬，弯腰不够深者会被视为亵渎。

日本知识分子从此陷入了两难境地。他们根本不相信什么天皇家族——谁都知道它是虚弱的、脆弱的、几无凝聚力的，他们也不相信天皇家族的起源神话，但是他们不得不假装相信。大概他们觉得，尽管天皇神话很傻，却未必傻得过基督教。

在某种意义上，日本人采取了法国社会学家爱弥尔·涂尔干鼓吹的策略，而且时间上恰巧与涂尔干同步。涂尔干是一个弃教还俗的犹太人，身处一个亲属关系和正式宗教都已式微的时代，他一直在探寻一种能够凝聚社会的元素。澳大利亚土著的图腾崇拜仪式含有某些基本宗教形式，涂尔干从中找到了解决之道。他发现，土著社会自我崇拜，自我拔高，然后将自己的影子奉为外化的训令，用以指导社会秩序。

以凭空杜撰的神道教为基础，日本知识分子将天皇构建为"神"①，指为萨满教古代众神的后裔。二战以前，许多日本人谈起

----

① 神，此处英文为 God，实指上帝。不过，日本当时并无"上帝"概念，却又想把

天皇来，口气仿佛天皇从身体器质上便与众神一脉相承。人民被教导说，天皇[①]的祖先就是整个日本民族的祖先。天皇不仅是一种制度，而且是一种宗教，影响着日本生活的每个方面。天皇教，亦即对天皇的信仰，与伊势的古代神社从此就有了联系。它聚集了各种感情，是仁爱、温情、统一的聚焦点，能保障社会的团结。不料，当日本人试图将它出口到新近攫获的殖民地——朝鲜和满洲——时，他们遭遇了惨败。即使在日本，天皇崇拜也只是一个毫无前途的骗术，恰如欧洲的法西斯思想一样，终不免铩羽折戟。

　　我们问一位杰出的政治学家，日本普通百姓是否相信天皇神话，他回答：这很难说。他曾问过他的母亲，她回答：她的头脑自有区分能力，告诉她"这是这"、"那是那"。她确实记得，中学生时代有一次她登上一辆从皇宫门前经过的电车，所有乘客受命向皇宫鞠躬。她也鞠躬了，心底下却在思忖，也许天皇正在上厕所呢，这会儿鞠躬不可笑吗？不过她什么也不能说。那位政治学家认为，许多日本人当时的处境恐怕类似于苏维埃时期的俄国人——知道自己口头上必须说什么，但是抱着玩世不恭和私下存疑的态度。

　　远远看去，日本在两极之间来回摆荡。它拥有契约的、封建的

天皇建构为"God"那样的至高无上的唯一神，以区别于多神教的众神（gods）或者日本泛神论的众神（英文音译为 kami）。参见第 7 章"宗教"。

　　① 天皇，此处作者用英译日文 tenno，更多处则直接用大写的英语词汇 Emperor。从奈良县明日香村出土的天武天皇（约 631—686）文物中发现最早的"天皇"一语，更早期称"大和大王／大君／倭王／倭国王"。

英格兰式分权体系，或者15世纪意大利式城邦体系，同时，在这两个元素之中，它又融入了其他元素，包括神圣的亲属关系，还有中国皇帝、俄国沙皇或土耳其苏丹那种以朝廷为本的专制模式。日本左右律动，从不曾真正彻底地变成这一种，或那一种。库尔特·辛格写道："代理权力①实行到如此分散的地步，以致很难将责任定位到说得过去的程度。君主的、民主的、贵族的，诸种元素如此微妙地混在一起，使政治体②变得如同彩虹一般色彩斑斓。"从某种意义上说，既然日本天皇绝不受制于上天的命令，因此在理论上，他拥有比中国皇帝更加专制的权力，但是在实践中，他的实际权力微乎其微，主要只是一种有名无实的象征性聚焦点，权力围绕这个聚焦点上下流淌，形成一种大体相联而又非常分散的体系。

115

上述张力部分地解释了当代日本政治制度的奇特风格：表面上生搬硬套西方民主思想，表象底下似乎是另一个世界。1917年尾崎行雄写道：

> 封建时代的风俗习惯已在国人心里打下了深深的烙印，而今，就连国人心目中形成的政党概念，也受到封建思想的影响。

---

① 代理权力，指当权者（如天皇）将某些职权交给下属（如大臣）代理，但当权者本人仍应对代理结果负责。交由他人代理不等于让位给他人。

② 政治体，body politic，英国政治哲学家霍布斯以此指国家（state）或其下属单位，如省、市、县、区，涵义是某个地理区域加某级政府。在霍布斯以前，这一术语也指君主本人，如皇帝、国王、独裁执政者。

在这种形势下，即使政党的建立或解散——本应基于原则和政见的异同——也成了十足的私人关系和感情问题，政党领袖与成员的关系变得类似于封建领主与臣民的关系。

研究日本最近五十年来一党统治问题的学者也许大都同意人类学家福斯科·马雷尼的观察："人们立刻发现，民主制的日本翻版迥异于英美传统国家在民主制名义下之所为。……与其说日本真正变成了民主国家，毋宁说它将民主制极大地日本化了。"朋友告诉我们，大多数日本人参加投票时，对政治思想没有多少知识和理解，也没有多少兴趣。反对党太孱弱，太容易妥协，难以造成健全的民主制，因此日本缺乏扎实的民主基础。政治领域里最接近民主116 的行为，是自由民主党内部的派别更迭，但那只是风格的改变，而非提供真正的替代性选择，至少晚近以前是这样。

政治的一大功能，似乎是像漏斗一样，使日本的巨大财富从中央流向外围，"政治分肥"① 之风连美国都自叹弗如。"作为对选民支持的回报，"杉本良夫评论道，"议员须给本选区带来政府资助的建筑项目、铁道、公路干线，以图扩展自己的地盘（忠实选民群体）。"

日本的政治制度别有洞天，不符合我们现有的任何归类。它的设计，恰如当代经济学家罗伯特·尾崎所言，"既非独裁和中央集权化，也非民主化，倒更像是一种集体互助制度"。20 世纪中叶以来，它一直以"一党民主"的方式运行，而所谓"一党民主"，本身就是一个矛盾的说法。大多数决策由那些不选而任的官员拍板，方

---

① "政治分肥"，pork barrel，是一种起源于美国的做法，譬如某州政府为了讨好或报答竞选中的支持者，拨款给某个项目，以利于某个地区或某个支持者。

针大计更是由那些永远藏身幕后的派别通过暗中交易而制定。然而日本并不是独裁国家，它成就了极大的经济繁荣和社会繁荣。

如果说最近一千年来有任何要素成为支撑日本文明的地基，那么毫无疑问，它就是政治权力。权力无处不在，像蛛网一样从中央辐射出去，并且极其广泛地分散到较低层。有时候日本令我想起在某些无正式国家领袖或元首的社会中，政治是如何运作的。此类社会由基于亲属关系的单位构成，凝聚社会靠的是各单位之间的制衡性对抗。历史上的日本享有一种"有序的无政府制度"——这类体系经常如此命名。一位日本外交官向辛格描述："从多种意义上说，你会在日本发现一种我愿意称之为'无序的团结'的制度。"

在我和健一及敏子的多次讨论中，这个悖论也有一次冒头。我 117 们的一致结论是，日本很像一个以半家族关系为本的部落社会，由一个个自发组织起来的团体构成。历史上，当民众面向天皇时，社会便团结了，一旦民众背向天皇，那就是造反的信号了。

人类学家爱德华·埃文斯-普里查德如此描述努尔[①]人的"豹皮首领"：不赋有正式权力，但赋有权威。天皇的地位与此颇为相像。公元7世纪以前，天皇家族还不是日本最强大的氏族，然而多半正因为此，它变成了仪式和情感的中心。天皇的弱势居然成为凝聚其余民众的原因，这真是一个悖论。但是，正因为皇族的弱势，所以幕府将军不但没有必要摧毁天皇制度，反而能从中获益：允许它与

---

① 努尔人，Nuer，非洲苏丹境内和埃塞俄比亚边界上的居民。

幕府军权继续共存，它将能充当团结统一的聚焦点。同样，后来的政治家也希望使天皇制度复兴并操纵它，以期为日本人提供一个象征性的、情感意义上的聚焦点。

卡雷尔·范·伍夫伦在《日本权力之谜》一书中，给一个"官僚专制国体"描绘了一幅极具批判性的肖像，刻画了一种难以捉摸却涵盖一切的隐形权力体系。这里没有明显的中央，所以伍夫伦借助该书的副标题，把日本叫作"无国家之民族"。这种"国体"——如他所称——间接而又切实地控制了教育、出版、电视，以及日本人的大部分生活。伍夫伦辩称，它凌驾于法律和民主政治之上，强求统一，窒息异见。但是，日本之能取得惊人成就，实现和平与繁荣，恰恰归功于这种分散性的权力。

我在我借住的那幢"传统的"东京小屋中瑟瑟发抖，想从我所在大学的系办公室借一台多余的取暖器，却惊愕地得知，我必须首先获得批准——并非系主任的批准，而是大学办公室里一位官僚的批准。我还得知，充斥于大学的那些人员并不是拥有自由代理权力的教授或部门主任，相反，他们每个人都是一名公务员。大学竟是一个几乎没有任何自治权的官僚机构。

无论我的访问属于何种性质，我屡次被带去访问坐满"官员"的房间，他们在那里忙着盖章和处理文件。我想不起剑桥大学有这样的景象。剑桥大学的管理者向来只是三五个管理人员加上大批的学者，直到最近才有所变化。

众所周知，当今管理日本的核心力量是官僚机构，即一些强有力的部省。作为一党官僚制，日本谈不上议会民主。20世纪张伯伦写道："从盎格鲁－撒克逊的视角打量，日本民族是一个受到高度管理的民族，官员不计其数，且拥有巨大的权威。在我们国家听凭私人团体处理的各类事务，在日本却被政府所掌控。"

日本复杂的官僚制度体现了两个特点，都是日本古已有之的。第一个特点是，权力永远在劈分为二，搞平衡。"古代日本政治制度的主要特点是双重化倾向，"威廉·格里菲斯写道，"将人分成士兵和农夫两拨，将官员分为文职和武职两类，……"以此作为对权力和腐败的制衡手段，不惜以降低效率为代价。拉瑟福德·阿尔科克爵士也指出：

> 每一个办公处都变成双份，每一个人都是监视者和被监视者。不仅整个管理机器是复式的，而且，原已十分精密的"制约—反制约"双重体系——基于备受赞赏的马基雅维里原则①——在这里发展得又缜密又完善，面面俱到，猛一看去简直认不出来。

第二个特点是权力呈纵向结构。这种结构同样始于古代，并且被封建忠诚的纽带所巩固。也就是说，权力首先委托给下级，然后又通过私人关系——它将组织内部的每一个人联结在一起——返回上级。任何决定都是由一群人或一系列人作出的，所以经常涉及大 119

---

① 马基雅维里原则是：道德与政务无关，为了正当的目的，可以不择手段。马基雅维里（Machiavelli，1469—1527），意大利政治理论家，是现代政治科学的奠基人，也被视为"权术"的代名词。

量的官僚运作，包括开会、反复盖章、谈判。从某些方面看，日本好像是全世界最官僚的国家，尤其在它吸收了德国 19 世纪末官僚体制的大量成分以后。

然而，放下日本当前的权力结构，回望历史，我们会感觉到某种异数，那更像是英格兰往昔经历的"近亲"。思来想去，历史上的日本还是一种封建分权制度。那里很少有受过专业训练的官僚，也没有儒家科考制度，更没有全职管理者阶层。在理论上，权力的支配者是战士，即大名和武士，他们的身份是多重的，既拥有军事才能，也拥有美学鉴赏力，还拥有一定的管理能力。决策主要由地方一级作出，而不是由一个中央的大型官僚机构强加下来。

不像中国，日本的朝廷不附设庞大的执掌文书奏章的部门。确有人描述，在深受中国影响的 8 世纪至 11 世纪，日本出现过这类部门的雏形，使我们得闻"左省"和"右省"，但 11 世纪以后便遭废除，皇室官僚机构从此沉寂下去。

其他领域也可以看到类似反映。譬如司法领域，19 世纪后半叶以前，日本司法体系基本上呈非中央化状态。又如经济领域，历史上的日本不实行中央计划经济，也不以法国或中国所尝试的方式监控经济。再如宗教领域，日本不设专管典礼的部门，也没有强求统一信仰和统一行为的天主教会。总之，日本有间接的监督，无直接的控制。

120　　日本最近一千二百年的历史中，大约有九百年与官僚集权制南辕北辙，像大致同期的英格兰一样，形成了这方面的一个突出的范例。如今，无论在西方还是在日本，这一切都在迅速改变，但是，如果我们不了解英国、美国、日本走向今日的道路与绝大多数中央集权国家是多么不同，我们就无法理解这三国当前奇特的混合体制。

在思考官僚集权制的优缺点时，政治思想家亚历克西·德·托克维尔深信，实行非官僚集权的分权制，能导致更多的创新、自主、决策参与、权力腐败制衡。他认为，法国体制演化成了一场噩梦，千人一面而又浪费巨大，故应不惜一切代价避免之。

在这样的语境下，能在世界东端遇到一个文明，曾长期坚持一种不同于其他官僚制度——它们几乎必然地席卷了所有帝国和大陆国家——的替代性选择，我们不免耳目一新，遑论其运作方式也大不相同。辛格说得不错："日本官僚制的典型特征是，比起大多数西方同类，它拥有更大的自由，根本不受制于机械化的原则、抽象而泛化的规章、严峻的统一规定。每一个部省似乎是遵照自家的传统而运行，极大地保存了类似中世纪社团的那种自治。"

论及日本的教育业绩和文学成就，某些现象立即凸现出来，既能将日本置于前沿，也能将日本归于后进。就积极的一面而言，至少从 17 世纪开始，非文盲比率和出版及阅读水平便达到了极高的程度，较之任何西方国家，如 18 世纪的法国或英格兰，日本已相当先进，拥有公共图书馆网和举世闻名的文学传统。

121

我记得有一次观摩日本儿童玩一种纸牌游戏，游戏展现了孩子们对 8 世纪至 12 世纪数十位女作家的丰富知识。试问英格兰或法国的当代儿童，他们说得出名堂的 14 世纪以前（或以后）的著名女作家又能有几个？

书籍在日本巨量印刷和流通。有一部初编于 1444 年前后的辞典，在 16 世纪末至 18 世纪末的二百年间竟然出版到了第 800 版。17 世纪末叶，京都书商已在出版他们的木版印刷书籍的目录，其中一部目录厚达 674 页，列出的书名多达 7800 个。1720 年，仅京都一地，便有 200 家出版社。私人图书馆也星罗棋布，还有人肩背大袋书籍，沿街售卖，效果相当于流动的个体书店。

中产阶级成为一群饥渴的读者。查尔斯·麦克法兰写道："据说在阳光明媚的季节，日本最常见的景观是一群先生和女士坐在一条凉爽的溪流之畔，或者坐在一个浓荫的小树林里，每人捧读一本书。"时至 19 世纪初，日本儿童已普遍上学。查尔斯·麦克法兰继续写道："从最高层到最低层，每一个日本人都被送去上学。据说，日本帝国的学校数量荣居世界之冠，所有农民和穷人至少有断文识字的能力。"

这就是日本文学技巧高度发展的背景，到了 20 世纪中期，大卫·李斯曼报告："80% 的日本人，包括农夫和工人，都会写俳句（短小精悍的诗歌）。"我们很难想象，在 20 世纪中期甚或今天，一个社会能有五分之四的人口将写诗当作一项日常活动。

122　　令人惊奇的是，日本人未受中国这个近邻的影响，不把文学技能用作获取管理权和政权的基本功。竞争性的儒家科举考试制度将读写经典的技能设为标准，来决定宦海中的擢升，然而，科举考试制度从未输入日本。

日本人普遍重视读写能力，然而，不同于中国官吏、印度婆罗门、欧洲中世纪牧师的情况，读写能力没有成为日本统治精英的独家徽章。日本的文学传统堪称世界一流，读写的运用也最为广泛，奇怪的是，在法律和管理领域，日本却始终属于一种口头文化，统治精英大多表现出彰明较著的反智主义。

第二个特点或许与此互为因果，那就是大学在日本的缺位。中世纪以降，大学是欧洲的荣耀之一，日本却没有相等的机构。公元670年左右，日本确实建立了一个类乎大学的机构，由式部省管理，作为一所精英学校，培养高级官员，但从未发展成一个丰满的大学体系。日本历史上有佛学修道院，19世纪还有几所小型技术学校，18世纪中叶，东京中心地区聚集了大批私人教师和成群的学生，后来发展成一所繁荣的大学。但是日本并没有通过捐资的方式，创立追求知识和教育青年的专门机构，因此，日本从未出现相当于博洛尼亚大学、巴黎大学、牛津大学或剑桥大学的建制。

识字技能主要限用于文学领域。在西方的大学里，"文科"、数学、医学、光学等学科成为密集教学的显学，而在日本，它们任由个人去钻研，不存在有系统、有资金、有组织的研究。直到19世纪后半叶，这方面的教育才开始发展，例如福泽谕吉创立庆应义塾，123是为日本的第一所西式私立大学。

日本是我们所知道的最和平、最不诉求暴力的大型文明之一。佛教和神道教举行仪式时不要求流血①，而且像儒教一样，教育信徒

---

① 意谓仪式中不要求宰杀牺牲和献祭。

敬他人、爱他人。当我和日本人个别交往时，我觉得，与来自其他文明的人相比，日本人较少侵略性或威胁性。

16世纪，日本人从葡萄牙人手中接过了火药武器，但后来它们的用途变得日渐有限。大约从1637年到1837年的二百年间，日本是世界上最和平、最免疫于战争的国家。欧洲各国曾有好几个世纪战乱频仍，互相攻城掠地，然后凭借火与剑征服了半个地球，一路横扫过去，将残存的部落民族灭掉了大半。在此期间，日本人没有打过一场对内或对外战争。

不容否认，此时武士阶层仍旧手握双刀，横行乡里，军法仍旧是千钧大法。然而主调是和平。晚近时期，持枪犯罪在日本鲜有所闻，即使今天，日本犯罪团伙也一般禁带枪械。日本政府已正式声明禁绝核武器，当前的宪法也禁止发展进攻性海陆军队，尽管发展了一支可畏的自卫队。

美国访客爱德华·莫斯在一系列小品文中告诉我们，19世纪中叶的日本是什么景象：

> 乘一辆嘎嘎作响的双轮马车，辘辘行驶六十六英里，未见一个不和平的景象，未闻一个不文雅的声音——乡村居民是多么温文有礼，生活是多么撙节朴素！……我怀揣一百美元深夜子行，穿过黢黑的竹林，经过赤贫的村庄，唯一的旅伴是我的人力车夫。时而遇见一个旅行者，偶或遇见一群，但是并无一人跟我搭话。我未携手枪，甚至未持手杖，然而我对日本人的温良性格绝对放心，不存丝毫忧惧。

❀

　　但是人人都知道，日本还有另一张面孔。与普遍的温文和艺术敏感适成惊人对照，大量文献记叙了日本大发兽性，明显变成虐待狂，吓倒亚洲和全世界人民的历史时期。日本人的早期侵略行径极其野蛮。16世纪末叶对朝作战，他们把敌人的鼻子聚拢，用盐腌渍，供将军们视察。19世纪在遭遇西方列强的隆隆战舰和帝国扩张的时候，他们更是习得了一课，巩固了图强的信念。日本人沦为西方扩张的被动一方，该是何种况味？格里菲斯有一番总结："因为一个贫困和破碎的国家，因为一国受外人欺凌的不幸人民，因为他们被诅咒的银钱，从而打开他们的国门，还谈什么同情？因为他们的霍乱和恶疾，因为他们的道德沦丧，因为他们的野蛮暴行，因为他们的甜酒，还谈什么投桃报李？"

　　痛定思痛，日本人开始效仿西方，建造战舰、坦克、飞机，然后变成了有史以来最可怕的一国斗士。19世纪，他们以普鲁士的战争机器为蓝本，塑造军队，1930年代以后，又从德国学到了新的课程。辛格写道："纳粹德国采用恐怖手段打击国内外敌人，成为日本军界领袖全力效仿的师表，正因为此，日本士兵才得以施行日本战争史上罕见的野蛮行径，从而为千夫所指。"

　　日本人也从英国学到了不少东西。如果说德国是日本陆军及其战术的表率，那么英国皇家海军就是日本人建造海军的榜样。日本人雇用英国人员，担任水兵的顾问和教官，一批早期战舰也是在英国的造船厂建造的。

　　日本人决定借太平洋战争吞并东亚的时候，他们的暴行和兽行多少可以视为一个折射西方暴力的"飞去来器"，这使许多西方人士深受触动。二战期间，我本人也有好几位近亲在缅甸和阿萨姆邦与日军作战。

　　仅凭日本的二战行径就不难说服人们相信，这是一个有史以来最好战的文明。它的内核似乎就是好战，长期以来生活在它那著名的刀的侧畔。但是，我们依然弄不懂为什么它能从温良的极端倏然走向暴力的极端。19 世纪初，内科医生威廉·威利斯的描述一针见血地抓住了这种反差：

　　　　实际上，绝大多数日本人是爱好和平、厌恶暴力的，但在某些情况下，一种疯狂的摧毁欲可以将个别人蓦地攫住。我见过这样的情景：一个安安静静的人，只不过受到了些微的激怒，便突然举刀，向他的邻人狠狠砍去，……然后将自己的妻子大卸八块，接着又将自己孩子的脑壳砍掉一半，最后剖腹自杀。

　　这不完全是"一种疯狂"，而是一种专心从事手边活计的传统，专心得好像能将全部人性压抑到极点。拉夫卡迪奥·赫恩写道：

　　　　武士在参加一场毫无胜算的格斗以前，往往先将自己的妻子和孩子杀掉，庶几可以忘掉一名武士在战场上不应记得的三件事，即：家，亲爱者，自己的身体。完成这桩可怕的豪举以后，武士便为所谓"拼死"时刻做好了准备，可以绝不给予宽恕和接受宽恕了。

❀

可见日本比任何其他大型文明都更和平，也更好战和更暴戾。究竟怎样看待日本人，取决于拿他们跟谁相比。如果优先比较一下中国，我们可以看出，这两个国民很有一些相似之处。中国也奉行和谐仁爱的儒家伦理，偌大疆域内经常长期保持着绝对的和平。但是，论及对待战争的态度，中国与日本截然不同。

中国历史上当然也曾出现漫长的好战时期，几十万大军打得不可开交，但也有同样漫长的时期竭力维持和平，一旦大汉完成了异族同化，众所周知，他们的帝国野心会变得克制起来。中国袭击的对象是邻国，还有那些他们一向认作进贡国的小国，尽管如此，中国却是我所知道的世上唯一一个其社会主要阶层不包括战士的国家。中国没有相当于印度刹帝利①、欧洲骑士或日本武士的阶层，只有手无寸铁的文人雅士。

从中国放眼望去，日本人似乎很好战。但是用血腥而暴烈的西欧历史来衡量，日本历史又似乎比较反对暴力，比较爱好和平。

我和日本人谈起来，他们也像我们外国人一样迷惑。他们知道，一旦激起他们的怒气，他们可以变得很冲动，很不理智。即使在不生气的时候，他们的精忠爱国，他们对日本文明"天生卓越"的自信，也可以让他们将别人视为劣等。假如他们深深地冒犯了别人，他们碍难开口道歉。他们没有个人责任意识，不识道歉为何物。 127教育部门某些官员竭力从历史教科书中删除描述日本二战暴行的内容，此事成为日本与诸邻国之间的敏感问题。明目张胆地企图粉

---

① 刹帝利，Kshatrtriya，印度四种姓中的第二级，传统上由武士和皇族成员构成。

饰历史,其后果将会如何,他们仿佛浑然不知。最近,一位首相甚至悍然参拜那座供奉众多日本甲级战犯的靖国神社,此举进一步激化了矛盾。

丸山真男以强烈的口气指出,由于分散责任制,谁都不愿承认是自己作出了导致了二战浩劫的决定:

> 日本人更喜欢对责任不作明确划分,这样就没有哪一个人可以被指出来,对决策承担终极责任。显然,在这个天皇之国的运行机制内部,天生含有发展成一个不负责任的庞大体系的危险。

丸山真男关于战犯审判的精彩文章给出了大量实例,描述日本将军们以及其他高级军官们如何纷纷表示,自己从一开始就知道这场战争是一场无望的冒险,日本必败无疑。

罗伯特·尾崎告诉我们:"二战结束初期,日本广为流传的一个说法是'全日本一亿人集体悔罪',据说,这全体一亿日本人就是二战悲剧的罪魁。"除此以外,日本人还认为二战是不可避免的,在一定程度上是外因引起的。伍夫伦从日本大报《朝日新闻》引用了一段话:"谢天谢地,日本终于可以逃脱战争了。"然后他评论道:"从这样的视角出发,战争无异于一场地震或台风,一股不期而至的'自然力'。"他还引用了一位日本知识分子对侵华战争的分析:"从外部看,日本好像是怀着帝国主义的狼子野心侵略中国。而从内部看,大多数政治领袖觉得,日本是被拖入了战争的泥潭,变成了某种必然进程的一道工序。"

另有证据表明，有人对日本肇衅侵华的原因持一种新奇得可怕的见解。一个令人胆寒的例子是松井石根将军在战犯审判席上的证词：

> 所有这些年间，我的信念一直是，我们必须将这场奋斗视为迫使中国人进行反思的手段。我们这样做，不是因为我们恨他们，相反，是因为我们爱之弥深。犹如在一个家庭里面，兄长从不肖的弟弟手中尽可能褫夺一切。为了迫使弟弟的品行端正起来，兄长不得不施以严惩。

这种以恩人自居的狂妄态度，可以出自历史上无数帝国主义者之口。它包含几分"白种人的负担"① 论，也包含几分教书先生体罚学生前的警告："打在你身上，疼在我心里"；它的另一个近亲，是盛行于日本某些新教派中间的一种观点：毁灭某人，胜于让他在"羯磨"② 恶果中沉沦。

日本人辩解道，英国、德国、意大利、西班牙的 20 世纪史同样是善恶并存，有时极度祥和而练达，其间却点缀着穷兵黩武、大兴集中营的黑暗时代。日本人太了解人性了：人类不是非黑即白的生物，既不极端和平，也不极端好斗；只需给予一点点理由和善意，就能消除一个人心底时而爆发的负面情绪和怒火——我们每个人从

---

① "白种人的负担"，white man's burden，语出英国诗人吉卜林的同名诗。19 世纪和 20 世纪，西方帝国主义者断取这一说法，为殖民行径正名，说是为了其他民族的利益，才不避麻烦，对他们实行殖民和统治云云。

② "羯磨"，karma，一种佛教概念，即"业"，或因果报应。

孩提时代就记住了这种经验。

129　在日本人生活的国土上，花好月圆的文静之美可以一瞬间被混乱和破坏所取代，海啸、火山或地震会猝然爆发。日本的历史也如此，长期的静谧穿插着血腥的时刻。静穆的沉思者可以一夜间变成虎狼之军，割下朝鲜人的鼻子，在南京实行大屠杀，在满洲试验恐怖的细菌战，驱遣死亡之旅①，建立骇人听闻的战俘营。同时他们自己也饱受摧残，两座城市被投掷了原子弹，东京等城市被投掷了燃烧弹，令人惊讶的是，他们竟咬牙咽下苦果，不思报复。

部落社会的一个特点是，内部多能保持和平，内部居民多能和睦相处。然而那是一个没有国家机器君临所有部落的世界，一个部落要想生存下去，只好对邻近部落摆出一副穷凶极恶的好战面目。印度阿萨姆邦的那加人就是典型例子。他们在自己的村庄内部过着祥和的生活，但是历史上他们也曾凶残地猎取敌人首级，受害者大都来自邻近的村庄。日本人似乎也这样，对内是和平的，对外却猖猖然竖起烈鬃。

许多部落社会的另一个特点是，与外族交战的时候，他们将自己看作名副其实和彻头彻尾的人类，而将敌人定义为"非人"——非我族类、不可理解、缺乏真正的人性。众所周知，大草原腹地的游牧部落、历史上的匈奴人以及后来的蒙古人是多么地残忍和富于

---

①　死亡之旅，二战时日本人派遣羸弱的战俘或部队长途跋涉（如在缅甸等地），明知他们会死在途中。

破坏性。如果某城市或某地域拒绝马上投降，难以想象的劫难便铺天而来。那是一种全力以赴和你死我活的战争，不给怜悯心留下丝毫余地，也绝不承认被杀戮者和被折磨者是真正的人类。

每逢日本人去岛外冒险征伐，也会有相同的表现。19世纪，他们冷眼观察西方帝国主义者邪恶、残忍而且显然伪善的行为后，得出了一个结论：战争即强权。胜者收获一切。只有破坏，没有投降，这应该就是战争之道，也是日本人选择的开战之道。于是日本人 130 "作弊"，在一个星期日偷袭了珍珠港。他们将战俘活活饿死，或者将住院治疗的战俘用刺刀活活捅死。他们不惜采取任何有效手段，仿佛战争的唯一目的就是赢得战争。

日本人属于慢热型，开战难，而一朝开战便全力投入。罗伯特·尾崎写道：

> 尤其与外国交战时，日本人曾经长时期毫无经验。……在日本的前现代史上，他们的准则是和平，而不是战争。日本人心底早已滋长了一种意识：一场全须全尾的战争是反常而变态的东西，它暗示着绝望，暗示着事态极端严重，暗示着必然的死亡。

我的朋友们也有解释："对于日本人来说，战争是下策。他们属于慢热型，开战难，而一朝开战便全力投入，绝不给予宽赦。对于西方人来说，战争如游戏。日本人心目中可没有投降这回事，他们不理解西方'有限的战争'一说。"日本人饿死战俘和折磨战俘，部分原因在于他们认为，被俘者，特别是投降者，一经被俘或投降便背叛了战士的光荣。这些人既然没有选择死亡，也就丧失了人性和获得人道待遇的权利。

日本人并非不知道，有必要假装认同西方对待战俘的态度。他们在松山建起了一座关押俄国战俘的"窗口"集中营，对待囚徒较为人道，以便向西方外交官显示：日本是一个文明的国度，俄国却不是；而库页岛战俘营①地处隐蔽，条件就差多了。

日本人不赏识微妙而狡黠的西方战争和《日内瓦公约》，也不懂得下述理念的妙处：你可以用燃烧弹轰炸德累斯顿，杀死成千上万的无辜者，但你必须以起码的人道主义态度对待战俘。西方人在20世纪遇到了另一群人，其行为如同基督徒以往对待被奴役和被殖民的种族一样，或者如同更早的匈奴人和蒙古人一样，这些当然会让主张遵守游戏规则的西方人大吃一惊。

日本人和我们谈话的时候，尤其是同西方帝国对比的时候，经常强调的主题是日本"缺乏经验"。英国人有数百年的战争经历和帝国经历，早已学会如何限制和克制暴力，而日本人是突然冲入亚洲大陆的，不曾积累类似经验，所以他们极力强迫新臣民像朝鲜一样，变成日本人，说日本话，接受日本的文化、法律和政治。以此衡量，日本人的行为更像西班牙人、葡萄牙人和嗣后法国人在以往几个世纪中的行为。

岛国居民倾向于自视为独立一方的种族。英格兰人一向如此，只不过威尔士和苏格兰的存在稀释了英格兰的岛国心态。人口多于英格兰的日本也长期与世隔绝，同样喜欢打造所谓日本民族举世

---

① 1905年起，库页岛分属俄日两国，俄属部分通常称萨哈林岛，日属部分称库页岛，二战期间日本曾在此建立战俘营。1945年二战结束后，库页岛全部归于俄国。

无双的牢固神话。

日本曾有好几百年生活在中国的阴影中。它可以声称自己与中国平等，但它心里十分清楚，就发明创造、财富数量和任何数字而论，占上风的究竟是谁。19世纪后半叶，情况起了变化，在欧美的快速帝国扩张和工业扩张压力之下，中国充分暴露了自己的软肋和分裂状态。

福泽谕吉将世界各国分为四"类"，多少映射了西方种族划分法的影子：最低一类是澳大利亚、新几内亚等地的土著，其次是蒙古、阿拉伯等地的游牧民族，然后是中国、土耳其、波斯、日本等亚洲国民。最高一类是美国、英格兰、法国、德国等西方国民，而他们就是日本立志效仿的榜样。几年以后，福泽谕吉又摈弃了这种划分法，代之以一个三级模式："野蛮"、"半开化"和"文明"。中国人和日本人同归中间一档。

20世纪初，日本在两场战争中分别打败了中国和俄国，等级表随之改变，日本上升到顶级地位，其他文明莫不低它一等。当时的事件和文学作品清楚地表明，20世纪上半叶的日本人像英格兰人一样，觉得自己的帝国雄心之本是种族优越，理应承担"黄种人的负担"，将文明带给东亚的劣等民族。

史上以种族主义为本的帝国几乎全都怀着同样的想法："蛮族"正在经历启蒙和改造，如果胆敢反抗，就该给他们来狠的。战争期间，这种心理背景无疑会加剧。假如某人打算杀人，那么，把杀戮对象视为不全之人当然很舒服。法国和德国互相为敌时，出于共同的基督教信仰，至少在理论上他们彼此还是人类。日本的情况却不一样，有时候日本人可以把敌人当作非人类来对待，犹如德国人对待犹太人。日本战俘营对待西方人较优渥，对待印度人或中国人更残忍，正说明种族主义在作怪。

日本人不仅仅将"人类—劣等人类"的区分用于外国人身上。在国内，他们对阿伊努人的态度，对部落民［贱民］①的非人支系的态度，甚至在很大程度上对朝鲜移民的态度，也体现了一以贯之、泾渭分明的社会等级区分。

许多年纪较轻的日本人好像正在忘却历史。一些经历过二战的日本老人为此深感不安，他们注意到，有人希望增强日本的军事进攻能力，改写战后的和平主义协定，其呼声甚嚣尘上。不过老人们又指出，日本的宪法还是世界上最和平的宪法，所以他们有几分把握：至少在下一两代人的时期内日本不大可能侵略海外。

西方有些法律体系采用对抗性的英美法，大多数部落社会却采用调解程序，两相对照，日本绝对落入后一范畴，属于部落的、"非现代的"、反复调解的、再三融合的、视语境而定的类型。历史上，日本的个人不具有任何一种天生权利，只具有对他人的责任和义务。20世纪史学家乔治·桑瑟姆指出："个体臣民之'right'②，是一个如此陌生的概念，以致在日本的纯法律文本写作中，根本找不

---

① 部落民，日本社会的少数族群之一，虽与大多数日本人同属大和族，但阶级不同，是封建时代贱民阶级的后代。从事"不洁"的工作，如殡仪、行刑、屠宰。

② 英文"权利"，此语虽被日文和中文移译为"权利"，英文原词却并不是"权"和"利"的合成词，不含有"权"和"利"这两重意思，因此这一造词方式令西方人产生了一番感言，见下文。

到一个近似的词汇，可以用来表达某种属于个人而个人可以主张的
'right'。"乔治·桑瑟姆继续解释，以此之故，日本人为了匹配这一
西方概念，不得不发明一个新词汇，那就是"合成词'权-利'——
由表示'权力'或'影响力'的'权'，加上表示'利益'的'利'组
合而成。"

在日本，调解、斡旋和仲裁比法庭裁决更受尊重。目的是和谐，
而不是决裂。法律像经济一样，嵌入连绵的社会关系之中。辛格
写道：

> 法律尚未从日常生活的溪流中剥离出来，自成一个独立空
> 间。……在法律与风俗—习惯—传统之间，在自然秩序与理性
> 秩序之间，在天然倾向与社会责任之间，没有划出严格的界线。
> 一切皆取决于环境，受制于急速的变迁。

无论刑事诉讼还是民事诉讼，日本人都唯恐避之不及。律师寥
寥，民事和刑事案件也相对寥寥，法官的裁决一拖经年，这一切都
与西方大不一样，尤其与美国形同霄壤。日本法律制度的基础是人
与人的相互信任、重叠交错的人际关系、高高低低的身份地位。法
律不是两个平等者在法官面前的一场殊死搏斗。法律与其说是拳
击比赛，不如说是一种仪式，与其说是分离，不如说是聚合。

134

表里差异再次凸现出来：表层像是一种英美法系，表层底下却
另有文章。表面上，大学每年招收成千上万日本青年学习律师专

业，但因日本人痛恨打官司，青年们学成之后无事可做，所以十有八九会在律师资格终端考试中败北，无缘于执业。这倒也不是一生事业的终结，实际上还有大量其他工种可供青年们选择，只不过不像西方，日本社会并不需要这些学子为西方人熟悉的竞争性和对抗性法律体系提供润滑油。日本的法律讼案少得惊人，同时却经营着世界上最成熟的工业市场经济之一，这算得上一个独步天下的成就。

下次如果一个日本警察喝令你站住，假使你无论有罪无罪都虚心认错，不争不辩，他很可能只给你一声口头警告就让你走人。哪怕你觉得个人权利遭到了践踏，你也应该低首下心，千万别去法院告状。和谐第一，顺从第一，有罪或无辜只是些抽象概念而已。

当今日本已成为世界上的工业资本主义大国。它是一个公认的经济奇迹，两度雄居亚洲之冠。然而，日本实现奇迹的同时，并未导致几乎其他所有先进工业社会遭受的两大祸患：高居不下且节节攀升的犯罪率，泛滥成灾的民事诉讼。

劳伦斯·比尔以日本犯罪问题开篇，然后总结了那里的整体状况："日本的刑事司法制度十分有效而极少峻厉。犯罪率极低，日本是一个人身安全很有保障的宜居国家。"将西方国家与日本的数据两相对比，即能造成深刻印象。例如，1980 年代的比较数据表明，日本的抢劫案发生率仅为 1.3/100000 人，美国为 233/100000 人，英格兰为 65/100000 人。日本的杀人案发生率仅为 1/100000 人略强，美国为 8/100000 人。1960 年以来的大部分时期，在所有工业化国家，暴力和其他类型犯罪的比率全都呈上升趋势，唯独在日本，1990年以前均呈下降趋势，1990年以后虽有所增长，2003年左右又开始下降。

当然，我们或许巴不得以日本严重漏报为理由，让这些惊人的数据站不住脚。但是情况看来并非如此。几项对受害者的调查表明，日本的很多犯罪行为，尤其是轻罪行为，确实未向警方报案，不过总体说来，日本官方取得数据时的误差率与美国所记录的误差率基本相当。日本的较低犯罪率并不是一个统计学幻觉。

定性证据也支持以上数据。美国律师 J. H. 威格莫 1930 年代造访日本，发现全社会弥漫着祥和幸福的气氛。他记载："纽约一晚上能够看到的暴力、纷争和违法现象，与东京一整年看到的一样多。"1990 年笔者首次访日前夕，英国文化协会发文，提示我们作为游客应该了解的事项，我们读到的其中一条是："一天二十四小时，在日本所有城市——包括东京——独自步行都绝对安全。"后来我们多次访日，次次都感到确实如此。

日本的相对祥和也不乏其他证据，许多地方性研究都表明了无犯罪现象。1980 年代有报告说，东京每年发生的罪案总数中，使用枪械的不足二十起。除了当局发给警察的枪支以外，奥运射击队是唯一合法的枪支持有者。至于致瘾麻醉品的使用，也只是个小问题，而且多年来一直呈下降趋势。 136

低犯罪率的原因不太容易解释。当然，日本历史上的刑罚是极其峻厉的，但在今日，低犯罪率却不像是畏惧峻法所致。与美国比较，日本每一类犯罪的量刑都要轻一些，唯独杀人罪例外，有可能判处极刑（每年约有三名杀人犯被执行死刑）。

常用的量刑是判处缓刑，或口头警告之后判处小笔罚款。结果，犯法者极少被投进监狱或青少年管教学校。约翰·海利写道，1980 年代"在日本，确凿定罪的罪犯仅有 2% 被判入狱，而在美国却不下于 45%"。刑期也很短，将近半数仅判一年或以下，而在美国，判处这么短刑期的只有 4%。无怪乎我们发现，日本狱中人口极低，且越来越低。

狱中人口稀少的原因，绝不能用日本警务或检察制度不力来解释。相反，这两方面的数据也都令人叹服。1992 年海利援引了一项研究，表明日本警察对接报案件的破获率高达 57%，美国警察仅达 20%。日本人身侵害暴力犯罪的破获率高达 92%，美国仅达 43.7%。罪犯被捕获并送上法庭之后，定罪率也非常可观。据各方估算，全部受审案件的 99% 可以确凿定罪，尽管部分原因或许要归结于日本警方的高压手段。

某人一旦因重罪入狱，便被视为放逐于社会之外了。日本人简直想不到监狱居然有改造作用。我们的日本朋友听说英国囚犯可以在监狱里拿学位、看电视，不由得惊诧莫名。日本监狱的生活环境很糟糕，纪律又严苛，还要强制劳动。

137

日本普遍无犯罪现象的部分原因，很可能在于几百年来养成的互相监督制度。很多欧洲游客对此有过描述。19 世纪初菲利普·冯·西博尔德评论道：

一个人若是拿不到他希望离开的社区之居民为他开具的良民证，拿不到他希望迁入的社区之居民表示接纳的许可证，他就休想改变他的居住地。据说，这种绵密而周全的组织方式所导致的结果是整个帝国没有任何角落能为罪犯提供藏身之地，日本从而成了世界上最少发生侵夺他人财产罪的国家，可以门户洞开而不担心抢劫。

当时，日本将国民组织成五户联防单位，一人犯罪将株连所有联防户成员。

今天，联防体系已不那么严密，但是大多数公众仍与警方密切合作。杉本良夫写道：

> 五十多万户人家，即全国家庭的五十分之一，组织了"联防户"，并与警署保持密切联系。大约40％的日本警官驻扎在以社区为单位的、名为"交番"的警察岗亭里，或者名为"驻在所"的分所里。……交番或驻在所的每名警员要对其辖区内的居民户和商业机构例行走访，以获取相关信息，并查明是否有"可疑人员"在社区游荡。

警方向每户人家发放一张联络卡，要求填写电话号码、迁入本社区时间以及其他细节。虽然官方说是自愿行为，但是几乎所有居民户都老实照办。

138

❀

令人惊讶的是，从犯罪组织本身的奇特性质中，我们可以找到低犯罪率的另一个原因，还可以发现"人人互相监督"概念的另一个分支。不妨说，日本的野寇崽——相当于意大利的黑手党或昔日中国的三合会——形成了一种遏制犯罪、至少是遏制暴力的建制。

日本政府不至于愚蠢到禁止一切公共赌博、性服务业和饮酒活动。然而，像所有政府一样，日本政府也发现，对这些领域实施治安和课税可谓极其困难。如果派遣普通的警察去处理，他们会重蹈世界各地警察的覆辙，迅速腐化，被贿金、美女、毒品、酒精饮料拉下水，变成犯罪团伙的雇佣代理人和保护人。但是政府又不能放任这些领域处于无治安状态。就我所知，日本是唯一一个正式承认并部分接受某个"半犯罪"组织的大型文明，它使犯罪组织成为国家机器的代理，由此而解决了上述微妙的问题。意大利正式禁止黑手党，日本却允许野寇崽的存在。

野寇崽的日文意思是"8-9-3"，是赌徒行话中的一个不吉利组合、一个恶咒。该组织最初诞生于赌博业，然后才向外衍生。据《平凡社大辞典》，"野寇崽"一语用来指——

> 某些犯罪组织，其特点类似于传统的赌博组织：家族式的纵向结构，上级的绝对权力，下级的绝对服从，聚会时高度仪式化的问候和举止，对一套特定行为准则和伦理规范的尊崇。

如此定义，只有日本的某些犯罪组织落入这个范畴。

日本人为了保护自己，建立了一整套"防火墙"，警察作为其中一环，手里奉有如何对待野寇崽的指示。警署大都列出一张当地野寇崽的名单，并与他们保持联系。当局又特地培训一支警力，专门负责野寇崽事务。众人皆知，每逢野寇崽召集公开大会，警方甚至会为他们安排泊车许可证，于是野寇崽乘着他们的加长豪华轿车，戴着他们标志性的墨镜和文身，闪亮登场了。

当局还允许野寇崽公开招员。我记得有一次在日本，我向一条繁华街道上的野寇崽招聘办公室徜徉过去，以为那是一个深夜出租车服务站，发现真相后我是多么惊讶啊。朋友们急忙建议我收起相机继续赶路。

野寇崽通常不太使用物理的暴力。他们几乎一概不带枪。我记得在一个旅馆房间里，当一位野寇崽大头目被发现携带一支无照枪和几发子弹时，激起了一阵轩然大波。老派的野寇崽倾向于避开毒品交易，也极力避开中国的三合会组织，因为三合会更暴力，而且涉毒。野寇崽拥有大量合法企业，例如连锁旅店和房产中介，方便自己洗钱。然而无可置疑的是，野寇崽确实会涉入严重犯罪，绝不能以"一支奇异的警察分队、一群可爱的阿飞"作为遁词。

野寇崽问题，如同日本的整个犯罪问题一样，令人产生一种既熟悉又陌生的感觉。表面看来，日本的模式与其他工业社会并无二致，既有犯罪和犯罪团伙，也有警察和法庭。近距离观察，我们却发现，日本的犯罪动机、犯罪组织、犯罪程度、犯罪引起的反应，均有别于非日本人所熟知的情况。我们的分类法不适合日本。

我先前总是以二元可能性去思考权力问题：要么绝对要么有限，要么至尊皇权要么权力制衡，要么官僚要么非官僚，要么守法 140

要么违法，要么集权化要么分散化，要么和平要么好战。然而日本好像兼具所有这些特点，我们能用日本证明每一种特点，也能用日本证伪每一种特点。权力存在于每个地方，但也不存在于任何地方，它的实施手段极其野蛮，却又极其和平，它的形式最为官僚主义，却又最不官僚主义。政治是一个极其重要的问题，显然也是日本之谜的一个侧面，而这个大谜团本身还需要进一步解索。我猜测，掩藏在前文所议一切难题背后的答案，是否就是日本人头脑中特有的分类法和思维程序——或许是它们帮助日本人消弭了我们所认为的矛盾或对立。

6

思想观念

在一个复杂的、高度流动的、变化不息的、人口众多的社会，141
一个捋清各方关系的办法是像日本人那样，让内部-内在-私密（内）
对立于外部-外在-公共（外）。这是一种取决于语境的弹性对立，其
意义因人而异，因时而异，绝非一个抽象而固定的尺度。这又引起
了另两组性质相似的对立：表与里的对立，建前与本音①的对立。
对立者之间的差异并不像从 A 到 B 那么突兀，而是像从 A++ 到
A+ 或者到 A-那么微妙，日本的礼仪礼节主要围绕这些浓淡变化而
运行，生活的意义也由此而生。

让我们举一个例子：日本人认为居所——特别是起居的中心区
域——是一个安全、清洁而特殊的空间，"外部"的一切危险、肮脏
和混乱都应当禁止入内，所以日本人如此执拗，不肯把室外穿的鞋
子和衣服穿进室内，进门以后马上要洗手甚至漱口。这就与西方形
成了一些古怪的反照。傅高义②注意到："日本人采用的一种相当严
厉的处罚，是把孩子关在屋外，要求他道歉以后才能进来。相反，
美国人的处罚是不许孩子出去。"

据日本辞典《广辞苑》解释，"内"至少有三个意思。其一指地
理的和空间的维度，也就是与"外围"相对的"内部"。其二指大家
族范围的内部：我的家庭和我的家园，甚或含有"人—非人"的区别。142

---

① "建前"意为"表面"；"本音"意为"真心"。

② 傅高义（Ezra Vogel, 1930—2020），美国著名汉学家，哈佛大学教授，著有多
部关于日本和亚洲的著作。

其三指内在的、深藏的核，即心灵和感情，这是别人从外部看不到、感觉不到、观察不到的。尽管不同语境中的微妙变化常使这个单词含义模糊，但是日本人总能明白它到底指哪一层意思。

日本人将生活各领域看作一连串同心圆。每个同心圆的中心一环最珍贵，然后一环环向外，移到危险、肮脏和另类的地带。几层内环包括日本人和某些真正的"人类"，外环则包括神怪、外国人，以及其他野蛮人或不可接触者。奇怪的是，有时候最中心的一环竟是空的，好比说，"靶心"里面居然空无一物。

日本神社的情况就是这样，内中空空，没有任何神祇。茶道也是这样，没有焦点或中心，只是一个流程。罗兰·巴特评论说，就连日本的城市也是这样，譬如，东京给世人"提供了一个十足的悖论：它确实拥有一个中心，然而这个中心却是空的"。巴特注意到，日本的食物也有同样奇谲的特点："日本人上菜没有中心，……在这里，每一道菜肴都是对另一道装饰性菜肴的一个装饰。……食物什么也不是，只是一些碎片的集合。"

这向我们提示了日本空间概念的精髓所在。一切都彼此关联，一切都指向别的东西。给"内部"下定义时，要与紧邻的那层"外部"相关联。说来说去不外乎空隙、空洞、间隔，全部意义在于摆正一事物与他事物的关系，量准它们的间距或间隙。

这是一种非常灵活的搭积木体系，有助于日本人安排他们那极度密集、层峦叠嶂的风景。金钱、城市化、书面文字和高科技，通常会粉碎面对面、多层次人际交流的融洽性，身处这样一个世界，日本人却能借助他们的极简主义，实现极大的交流，这是因为极简主义能容别人将自己的想法填入空白。日本人永远让所有选项保持开放。

　　至于时间概念，我原以为，日本历史上某个关键时期发生过 143
一场大变革。我猜想，部落生活或农民生活的任何残余，即使过去
曾长期幸存，现在也已消失殆尽，现代时钟的线性时间肯定已经相
当普及。猛然看上去确乎如此：日本人制造优质的钟表；他们的火
车运行得分秒不差；他们普遍守时，如果失去牢靠的机械时间感，
他们的都市生活将会崩溃。但是深究一下，某些别的东西会显现
出来。

　　第一，日语本身没有时间维度，这是一个与汉语共有的特点。
日语极少使用时态，因此每件事情同时具有发生于过去、现在或将
来的潜在可能。这和线性时间观截然相反，线性时间向前延伸，在
它的轨迹上，事情要么已经发生，要么正在发生，要么可能发生或
将要发生。

　　第二，日本哲学基本上不讲线性。没有冥世生活，没有再临[①]，
没有世界末日，没有人生鹄的，没有复活，没有历史目标。人们完
完全全生活在一个存在主义社会：我们存在着，当下便是一切。这
带来一种特别悲凉的况味，因为当下总是在消失的呀——繁花、满
月、拍岸的海浪永远是过眼烟云。一切只是短暂的梦，宛若朝露一
般稍纵即逝。

---

　　①　再临，second coming，原为基督教概念，指基督作为最后审判的大法官返回
人世；这里引申为普通人的死而复生。

第三，日本讲究循环。仪式的周而复始，衣食变化的轮回，如此强烈地反映在当今的电视节目及其节令性主题中，提醒日本人想起身边这个春、夏、秋、冬循环往复的世界。即使最拥挤的日本城市，也能表现突兀变化的岁月的节律，对于大多数日本人来说，紧跟和捕捉这些变化是至关重要的。

事实上，日本的时间似有魔力。某些时间宜动，某些时间宜静。威廉·格里菲斯在 19 世纪评论道："即使最有教养的武士阶层……也认为很多季节不宜出行；吉日和凶日的数目太多，在此难以尽述。"时间的变化与其说是量变，毋宁说是质变，它可以加速，也可以减速，还可以彻底删除，例如在茶道中，客人们要把手表摘下，然后进入一个超时间的空间。时间是活的，而不是死的。日本人主宰时间，而不是被时间所主宰。

时间的弹性或相对性是日本传统计时法的最惊人特点之一。在历史上的日本，像是在部落社会一样，时间真的可伸可缩。没有哪个时间段等同于"一周"。一小时的长度也很灵活，在一年四季中变来变去，虽然全年的小时总数是固定的，但只有在春分秋分时节，一小时的实际长度才是相等的。因此，将西方时钟引进日本曾是一个非常复杂的行动。

最后还有如何为长线时间计算周期的问题。历史上的日本人将神秘的轮回时间观——譬如在日本起源和天皇起源的神话中——与一种大致相当于直线延续的线性维度相结合，因此，时间的流淌既是循环的，又有长度。虽有长度，却没有固定的"世纪"，日本人采用的计时单位来自中国的"纪元"，或称"年号"，其长度可以是一年，也可以是随便多少年。

日本今日的时间观分为表里两层。表面上现在有了西方钟表标示的时间，表层底下却是一种季节性的、循环律动的、神秘的时间。时间寓意无穷，而非死气沉沉。但是，犹如日本的一切事物，时间并不离开其他事物而独立存在。树、月、风、草都是时钟，它们能加快或减缓时间的进程。每一个人都生活在当下，因为单独的个人是没有过去或将来的，除非是说，每人都套牢在整个昔人的阵营之中，犹如一座大森林中无数的叶子。

日本人不是时间的奴隶，他们调制、品尝、哀悼、利用时间。他们为着自己的目的而生产足够的时间，很少对时间感到餍足（无聊）或欠缺（焦虑或歉疚）。时间不是作为抽象的计量标准而独立存在，也不是上帝的造物。实际上，根本没有"时间"这个玩意，只有"在这里"、"在当下"，但又与"永恒"纠缠在一起。万事万物都被日本人最深切的渴望——虚无——所否定。

由这种时间观而生发的"过去"，是一个很难充分把凭的概念。一方面，因为日本不大使用过去时，轮回概念又过于顽强，所以过去变成了现在的一部分，如同许多部落社会的情况。今天我在剑桥，总是感到弗朗西斯·培根、牛顿和达尔文依然盘桓于剑河之畔，同样，健一和我们谈话时，也经常以谈论昨日近事的口气，援引日本 13 世纪、14 世纪的遥远往事。对于日本人，"过去"不是一片陌生的国土。前现代、现代、后现代之类的概念似乎并不适用于日本的历史。

健一写给我一个短笺，解释不同时间段的"同时性"，以及为什

么历史不可能划分为"阶段":

> 日本人的未来感,在某种意义上,不同于你们对时间进程
> 的一维感。简言之,日本人的心灵同时生活在前现代、现代和
> 后现代,因此很难对日本套用阶段论——阶段论把历史生生打
> 碎,譬如把镰仓时期划成前现代,把江户和明治时期划成现代,
> 把当前的日本划成后现代。

另一方面,过去就是绝对的过去,不必大书特书,也不必遮遮
掩掩。如同看待祖先一样,过去也被看作一个庞大的板块,与现在
同时存在,而不是均匀地延伸过来,形成一条通向现在的小径。这
种观念或许是一条线索,可以解释日本人对战争亡魂、神社和既往
历史的奇怪态度。

日本人掌握着非常发达的健忘技术,也就是遗忘过去和原谅过
去的技巧。他们善于重组过去,使之与现在和谐共存。且举一例:
日本人同时建造两种神社,一种为战胜者,一种为战败者,从而抚
慰了战败者,平息了战败者的怒火和躁动的灵魂,缓和了过去的
负面。

日本人很少恋栈过去。例如,明治维新时期,失败一方没有受
到严惩,反而迅速并入了新的体制。又如,二战结束后,日本立刻
认输,很少提出反诉。健一认为,部分原因可能在于日本频繁的自
然灾害——台风、地震、火山时时爆发,为了生存下去,日本人必须
忘记过去,建设未来。无论原因何在,反正日本人可以马上同意遗
忘,同意原谅。

丸山真男曾长篇论证：日本一边变化不息，一边保持着一种为变化塑型的基本构架，因此他提出了日本历史的"基础低音"论。他自问："是否在日本现象之下潜藏着某些连贯的基本因素，正因为此——而不能说尽管如此——历史才发生了诸般变化？"他继续分析：

> 音乐中的固定低音①……是一种重复低音模式。它是一个基础动机，独立于高音部之外，如果主题出现在高音部，则主题一定要经历这种固定低音引起的一些变异。这一隐喻或可用于日本思想史的发展。自古以来，大部分思想主题都是从外国舶入的，自儒教、道教、佛教开始，直至某些现代思想，如自由主义、立宪主义、社会主义等等。如果我们检视一下，这些思想体系从亚洲大陆或西方传入日本后，经历了怎样的变异，便会发现，某种雷同的思维模式出现在每一次变异之中，每次都对原物造成了微妙的变化。这类重复的思维模式，便是我所称的日本知性发展史的固定低音。

他进一步解释他的隐喻：

> 变化性与连续性这两种因素是否互相矛盾或彼此排斥，我

147

---

① 固定低音，*basso ostinato*，音乐术语，指低音部的一个音型不断重复，每次重复时便会改变上面几个声部。

对此不作预设。……我想强调的只是，……变化过程中存在着同一模式，你在这种变化模式中可以听到一个重复乐句。……正因为思想和思维具有重复模式，所以日本思想史的变化是多样的，也是快速的。

这是一个重要的洞见。在当今日本人看来，时间未必轮回，但外形上有某种重复性或相似性。环顾我已认识三十五年的剑桥，我发现它既有沧桑之变，却又依然故我，这时候我便非常理解日本人了。更长线的例子是，当我今天访问英格兰的厄尔斯科尔恩村时，我发现，与我通过五百年前留存下来的档案而认识的那个古老村庄相比，当代的它既与过去有天壤之别，却又一脉相承。

丸山真男抓住了这种"变化的同一"感，它正是日本这类古老文明的内核。丸山真男也给出了一条线索，引导我们认识到，每逢日本人面临巨大的外部压力，必须与中国以及后来西方的哲学范式保持一致的时候，他们是如何将自身显著的"他者性"保存下来的。恰恰因为存在一个重复的基础模式，所以日本可以瞬间改变思想观念，调整习俗制度，一如英格兰之所为。日本人快速吸纳剧变，然后将新事物做旧。他们有一种"无时间"感，通过不断发明新传统，并迅速以新换旧，他们产生了幻觉，仿佛一切都变化不大。

通常，人的宇宙观在一定程度上反映着他们所在社会的结构。哪里的社会结构稳定下来，成为制度化的固定模式，哪里就会出现与之匹配的宇宙论，哪里的人则会受到对称理念的吸引。偶数往往成为最得宠的数字：事事成双、无独有偶。然而如前所述，在日本人眼里，任何事物都是不完整的、相对的，依存于其他事物。无怪乎我们发现，日本人选择的各种体系十分强调依存，总要靠其他某种莫名的事物来填补空缺。

日本建筑避免采用对称和平衡，茶室和庙宇的曲里拐弯的外形就是例证。无论榻榻米，还是天花板或桁梁，全都回避对称性。库尔特·辛格说得不错："一列整整齐齐的线条、思想或德行，会让一个日本人觉得自己被挡在生活泉流之外了。他喜欢不对称，喜欢像是随意做成的东西。……"日本人永远留下未竟之事，热切期盼另一件既能使结局——死亡——富有意义，又能让所有一切都功德圆满的事情。留下未竟之事，等于容留了发展空间。

我们发现，日本人更青睐的数字是三，尤其是五。有一次我收到一套茶碗做礼物，惊讶地发现那是五只，我不免有点儿懊丧，因为我们但凡请客，总是尽量邀请六个人，而非五个。后来读到张伯伦的书，说是日本人对五的痴迷甚至延伸到了音乐，我才明白了许多。据张伯伦描述，在他所称的和谐音阶中，略掉了第四音和第七音："原因是，既然公认有五色、五星、五行、五脏，等等，音乐中也就必须有五音。"

张伯伦指出，将事物集结成数字单位的爱好，在中国和日本发展到了极致，只不过在日本，这些数字单位通常不是偶数，故而有"三景"（日本帝国三处最美的地方）、"三都五港"、"五节"、"二十一文萃"，从东京到京都的那条路则分为"五十三段"。

149　　最后一个惊奇来自下述事实：我们英国人说 "*one* chicken、*two* trees、*three* stars"[①] 等等，日本人界定事物数量时却要看所指为何物。伊莱莎·西德莫尔解释了此中的运作：

> 学会一目了然的基数词和序数词以后，日文初学者还必须记住：提到动物的任何数目时，要加上 *hiki* 这个音，提到人要加上 *nin*，提到房屋要加 *ken*，船要加 *so*，黄包车要加 *cho*，盛液体的杯子要加 *hai*，长而圆的物件要加 *hon*，宽而平的物件要加 *mai*，信件或文件要加 *tsu*，书要加 *satsu*，包裹或鸟要加 *wa*[②]。

还有更多的玄妙，进一步增加了生活的复杂：事物分类捆扎后，形成了一种在西方观察家看来武断而又怪诞的宇宙观。阿礼国爵士注意到：

> 一个种类指所有的动物，除了飞翔和游泳的物种及昆虫。另一类指禽鸟，不过野兔和家兔也包含在内！第三类指船舶、舢板和小艇；第四类指水、酒、茶等用杯子喝的液体；第五类指树木、钢笔、棍棒、桅杆、桁梁、萝卜、胡萝卜、手指、扫帚、

---

① 意谓"一只鸡、两棵树、三颗星"，这里作者是在提请注意：英语中只有数词（one、two、three）而没有"只"、"棵"、"颗"之类的量词。故无法翻译。

② 这里的英译日文都是量词（犹如中文的"一间"、"一艘"等），依次为：匹，人，軒，艘，挺／丁，杯，本，枚，通，册，把。

管子等有长度的东西；如此这般，以至无穷①。

研究过日语的人都很困惑，不知道该把它置于何处。它与周边的汉语、泰国语、汉藏语关系不大，倒和阿尔泰语（蒙古语和土耳其语）有些相似，与乌戈尔—芬兰语也有几分亲缘。但是，语言学家都不认为日语的起源能够追溯到任何一个具体地区。就语法而论，日语与朝鲜语相像，但仅凭语法本身，不足以证明两者有基因上的瓜葛。由于不能从词汇方面证明两者同源，所以语法的相似也许纯 150 属巧合。

这里有必要将书面语和口头语加以区别。日文具备丰富而复杂的语法，拥有一整套人称代词、时态指示手段、肯定式和否定式，也能明确表示某物在句子里充当主语还是宾语；总之，具备一切必要的元素，足以进行清楚而直接的交流。然而如果我们考量一下，日本人到底利用了其中哪些元素，到底怎样用口语进行实际交流，我们就会发现，大多数日本人故意不使用许多现成的语言资源，好像蓄意要制造一种模糊的、间接的、有限的口语形式。

当我第一次问起个中奥妙的时候，健一给了我如下的报告：

> 日语的语序符合日本人的思维程序。首先，说话者要设法界定场合（如同物理学的场论）、时间、空间、相互关系，最后才轮到施动者的动作。动词和助动词出现在末尾。主题没有

---

① 这段引文应当也是在讨论量词的种类。

必要明确化，因为在描述场合的时候已经暗示了主题。这种思维方式使得结构主义思想家，如福柯和梅洛-庞蒂等人，在日本大受欢迎。所以，首先要界定场合，然后才说到主语的动作。这是日本人思维过程的完整反映，也就是说，首先要将思想引向具体场合。

伊凡·莫里斯也作过一次研究，针对的是《源氏物语》时代（11世纪）的日语。他指出，说话者几乎绝口不提自己，句子的主语要靠听话者去猜，而且还可能不经过预警，就在一个句子的中途改变主语。莫里斯补充说：

> 我们欧洲语言中认为理所当然的那些非此即彼的分类——过去时和现在时、肯定式和疑问式、单数和复数、阳性和阴性（例如人名和人称代词的性别区分）、或然和确然——与平安时代的日语简直毫不相干。有时甚至弄不清日语句子到底是肯定还是否定。

阿瑟·凯斯特勒评论道，日文文本所描述的事件经常"奇妙地飘荡在空中，压根不提事件所涉及的主语、性、人称、数"。张伯伦也解释说："日语的名词没有性或数，日语的形容词没有用于比较的各个级，日语的动词没有人称变化。"

我觉得很难想象，我在讲话的过程中怎么能够不使用时态、主语和宾语、形容词的级。使得日语更加复杂化的是，一个单词可以表示多种意思，而且，口语有许多词同音不同义，书面语也有许多字在不同语境下读起来意思全然不同。福泽谕吉分析一个俳句时给出了绝佳的例证："第一行既可以表示葫芦，也可以表示战争，第二行有开端的意思，最后一行理解为寒冷或者火箭都行，既然如此，整节诗也就可以用两种方法阅读：1）从葫芦里喝的第一口，而且喝的是凉的；2）战争的第一炮，而且是用火箭射的。"这种暧昧把日语变成了一种奇妙的语言，适于谜语和双关语，适于含沙射影和一箭双雕。

日语口语深切地依赖上下文，并且随着交谈者的相互关系而变化。虽然这一特点在所有社会都有某种程度的表现，但是日本作为一个等级社会，表现得尤其显著。罗伯特·史密斯写道："每个说话者说出一个动词形式以前，都不得不进行一次选择。选择哪个层次，取决于他对社会距离的计算，主要是考虑年龄、性别、社会地位、前几次交流的性质、此时的语境等一系列复杂的综合因素。"所以在日本，男性对女性讲话的口气倾向于高高在上，年轻人对尊长或老板讲话时多用尊称。此风今日正悄然改变，对社会等级的强调开 152
始减弱，但仍然保留了相当的分量。

日语口语似乎偏爱微妙的主观性，不惜牺牲可靠的客观性。马雷尼指出：

> 印欧语系的诸语种拥有一套客观逻辑：它们极其重视存在
> 方式的多样性，重视数，（经常）重视性，重视谁对谁什么时候
> 做了什么。日语却漫不经心到极点。"*Ikimasu*"这句话可以表

示十几种意思：“我去”甚或“我来”，“他／她／它去／来”，
“他们去／来”，“它将去”，“我要去”，“我会去”，等等，等等。

实际上，日语有两个不同的单词分别表示“来”和“去”，也能
表达出马雷尼感到匮乏的一切细微区别。但在口语中，区别和变化
经常被故意略去。

比方说，某个句子听起来似乎没有主语，弄得我们心下纳罕：
究竟谁在做这件事？其实主语就隐含在句中所用的敬语动词里，此
种动词告诉我们“一个可敬的人在做某件事”。这就暗示着主语是
别人，而非说话者自己（说话者是绝不会用敬语动词往自己脸上贴
金的）。

语焉不详的效应是避免了正面冲突，消除了抽象交流，而将双
方捆牢在一起。交流绝不应该导致冲突或龃龉。人与人之间以和
为贵，辩论和争论请靠边站。我在东京大学授课的时候为此深感困
窘，因为我无法发动学生跟我争论或辩论。这些日本研究生与我的
英国学生形成鲜明的对比，只是静静地坐在那里，不肯表达意见，
不肯表示反对，甚至不肯提问。

确实，大部分二元思维都令人反感，当它可能导致意见两极分
153　化的时候，就尤其可憎。正因为此，我们发现，日语口语中耐人寻
味地缺乏肯定式和否定式。如前所述，日语语法的确提供了表示肯
定和否定的手段，但实践中几乎从不使用，除非对话的双方是至交
或世交。

早先我和日本朋友们有过一次讨论，事后我记录道：

　　表示"是"的日语词汇是 *hai*，但它既可理解为"是"，也可理解为任何意思：从"是"，到"或许是"，直到"不"。实际上它是在折射对方的话语和意向，是在表示"你知道呀"或者"你决定吧"。在日本，一个人不可以直接说"不"，必须把它留给对方去判断，让对方领会"是"之下的否定信号。"不"一词的分量比在西方沉重得多。唯至交之间才有可能说"不"，对其他人只能偶尔为之。一旦对其他人说"不"，便彻底排除了未来交好和交往的可能性，无异于一份宣战。

　　因此，日本人避免在肯定和否定之间划出一条真正的界线，任何事既"是"也"不"。由于日本思维方式的相对性，许多事物同时是这件事又是那件事，而这是西方的二元逻辑绝不能允许的。日本人永远绕开矛盾。我们真的可以套用刘易斯·卡洛尔的说法：这种特点使日本人能够在"早餐以前相信六件不可能的事情"呢[①]。

　　模棱两可引起的后果是，日本人很难完全理解一篇文章，很难与他人进行明晰的交流。早在我访问日本之前，我就经历过一次惊异：我女儿的一位日本朋友送给我们一个"吉祥马儿"，包装盒里有一张纸，印着几行字，解释它的由来。我叫这位朋友告诉我纸上写

----

　　① 语出英国作家刘易斯·卡洛尔（1832—1898）所著《爱丽丝镜中游》：爱丽丝说："一个人没法相信不可能的事情哪。"而女王说："我敢说那是你练习得不够，我像你这么大的时候，每天总要练半个钟头的。嘿，有时候，早餐以前我已经相信了六件不可能的事情呢。"

了些什么，她露出迷惑的表情，说，她不大理解，需要离开几天，设
法弄明白了，再来告诉我。当然，这也可能是因为特殊字迹或古体
154 书法的缘故，但时至今日，我已有多次类似经历——一些日本人非
得要经过极大的努力，拼命查词典以后，才能把文章翻译出来。

　　还有一次，我和一群朋友去日本餐馆吃饭。我们的日本翻译足
足花了二十分钟，和女招待一起推敲菜单，企图在点菜以前弄清楚
那是些什么玩意。食物终于上桌的时候，同我们以为我们点过的东
西风马牛不相及。

　　学习书面日语比学习世界上任何其他文字都要费时费力。学
者们说，掌握日语需要花费十二年至三十年之久。仅仅为了学会日
文中的两三千个汉字和两套读音①，以便被视为有教养，日本儿童就
要在学校里听无数节课。从多种意义上说，熟练掌握书面日语和口
头日语，就等于掌握了一门艺术，其高深程度不下于茶道、书法和
禅思。

　　殊不知，付出千辛万苦以后，学到手的语言却被用来从事一种
不充分的交流。中根千枝评论道："对于日本人，交流的快感主要
不在于讨论问题（一种逻辑游戏而已），而在于情感的交换。"交流
的工具不是嗓子，却是整个身体，包括眼睛、笑容、头发、身姿和
衣着。

　　此中的目的是，使用最少量的语言符号去实现最完美的交流，

---

　　①　指汉字在日语中的两种读法："音读"和"训读"。

恰如微型诗俳句的意境。健一相信，"连歌"是最高级的交流形式，是最炽热的情感交换，是心醉神迷的合一和默契。最理想的境界是沉默，日谚道：语言是真正而深刻的交流的障碍。唯有在沉默中才能读出对方的各种愿望，正如一个人陷入神社或禅思的空无之后，才能读出自己想要的东西。崇尚个人主义的英格兰人有时也被认为说话含蓄而保留，所以多少能理解沉默的妙处，他们也常在友好的沉默中静坐，日本人却将此发挥到了顶峰。

日本人倾听字里行间的停顿或静默；他们倾听不言之物，而非在言之物。"我们更喜欢轻声说话和言犹未竟，"谷崎润一郎评论道，"最重要的是噤口不言。"如果正在交流的思想是最深邃的思想，那时的静默便是最深沉的静默。赫伯特·帕辛写道："在最亲密的关系中，交流是无须明言的，此时的模式是无言的理解，一点暗示和只言片语即可充当指示器——纵然局外人觉得莫名其妙。"新渡户稻造指出："对于我们日本人来说，恰如法国人所定义的那样，言谈经常是'掩盖思想的艺术'。"小泉八云听说："我们日本人认为，我们可以用静默更好地表达感情。"某些情况下确乎如此，不过最好也能平衡一下，让所有访日游客看到人们在亲切交谈，在借助言谈建立和保持交情。

任何人之间，在任何情况下，字斟句酌的言谈都能充当一道黏合剂。由于充满暧昧、微妙和含混，词句变成了折射彼此身份、反映对方意愿的镜子，变成了规避矛盾的工具。而日本人解读语言符号时，好像不等对方把话说出来，便已知道对方要说什么了。这使得日本人能够从容生活在他们那盘根错节的世界，那里的语言全是相对的，无所谓固有的含义，曲尽微妙，任凭听者去诠释。

　　有必要再次强调，很多其他语种都具有类似日语的特点。泰国语也有体现社会差别的代词，不少亚洲语言也采取日语那样的语序，朝鲜语也有与日语相像的敬语。因此我们很难将日语口语的独特之处归因于语言本身，问题在于交流模式，而非语言结构。

156　　语言决定论（萨丕尔—沃尔夫假说）认为语言决定思维。在某些方面，日本人代表着这一假说的反证。日语其实允许人们想各种念头，说各种话题，但是日本人出于不爱扔东西的习惯，把语法库里的一大堆语言工具雪藏起来，舍不得使用。是社会关系决定了日本人如何使用语言和看待世界，而不是后者决定前者。

　　日语有极好的手段区别主动和被动，完全能分清这是做某事的主动一方，抑或是承受某事的被动一方。日语语法允许人们说"我做"，但在实际操作中，人们宁愿使用被动式。故而有人说，英语是一个"做"的语言——某行为人做某事；日语是一个"变"的语言，不关注行为人，只描述事物过程和客观变化。举一个例子：一位英国女士可能告诉她的老板，"我已经决定结婚了"，一位日本女士却会说："事情已经发展到这个地步，以致结婚就要发生了。"

　　一旦某事由谁负责的问题出现争议，拐弯抹角的言谈模式就能产生重大效果。1946年以后，日本人不常说"我们选择民主制"，而说"这里变成了一个民主世界"。当时的战犯审判报道表明，大批受审者拒绝承认自己在战事中发挥了主动作用。德国将军们说自己决定发动战争，很多日本军人却将战争经过描述成一连串自行展开的客观事件，他们是被卷了进去，几乎不能或完全不能控制事态。他们相信自己的被动，绝不亚于相信自己的主动。

❈

讨论日本逻辑之前，我应当强调，我并不想暗示日本人是前逻辑[①]的，或者非逻辑的，我也不认为他们现在，或向来，对真实世界的运作方式毫无兴趣。莫斯赞同地引用了"某已故作者"的评论："世上没有任何国民比日本人更热衷于追求精确的知识。……世上 157 没有任何国民的思维逻辑比日本人更清晰或更细腻。"毋宁说日本属于另一套逻辑程序。

这另一套逻辑的表征之一，是尽量避免绝对的、二元的思维。二元对立概念深深扎根于一神论和那些源于古希腊的思想体系，可是在日本却吃不开。这一点，前文讨论"是"与"不"问题时已有阐述。关于日本人的思维路径，马雷尼总结道：

> 在日本，人们很少碰到那类劈裂式的二元论：神与人，造物主与造物，精神与物质，肉体与灵魂，善与恶，自然世界与超自然世界，神圣与世俗——这是典型的西方思维。而在神道教中，人、世界、神同属一个范畴，本质上是同一个生命连续体。

在日本，最高目的不是区分，而是综合与和谐："和谐寓于不制造区别，若能在善恶之间划出一条界线，和就不存在了。"

已有很多作者注意到，在日本，语境比一套抽象的或绝对的逻辑法则更重要。松本道弘解释说，情境永远优先于理性，也就是日

---

① 前逻辑，pre-logical，心理学术语，指成人前或儿童期特有的一种思维模式。

本人所谓的"理外之理"。他还评论说："如果从逻辑导向的西方视角去定义'原则'一词，那么日本人似乎没有原则。在日本人看来，逻辑是'冷冰冰的'或'无情的'，并且当然不等于真理。"

像许多不区分领域的社会一样，日本最重视社会关系。日本人受到的鼓励是首先考虑社会一致性，其次才轮到怀疑主义的客观研究。在日本，个人的理性和世界观是由社会结构塑造出来的。社会关系比冷静的、知性的真理更重要。万物都不绝对，都可屈折，都依从于相对关系。

假若根据严格的逻辑，某两种思想彼此冲突或矛盾，那就干脆视而不见吧，因为理性不仅可能犯错，而且必须让位于情感和直觉。日本人可以不经过心理斗争而持有一对互相矛盾的观点。哲学家中村元说得不错，日本人的倾向是"缺乏理论性和系统性的思维，而强调一种唯美的、直觉的、具体的、绝非逻辑井然的思维方向"。部件可能彼此冲撞，整体却照常运行，犹如一件美术作品，在最后的综合性笔触下，不规则和不完美的零碎形状合成了整体。

导致的后果之一是，日本躲开了西方盛行的形而上学，也躲开了关乎宗教的种种玄想。日本人常问的问题不属于"为什么"一类，某现象存在便是存在，没有道理去问为什么存在。理性轻于情感和直觉，社会关系高于抽象原则——不出我们对一个等级社会的预料。对于日本的思维系统来说，逻辑上的矛盾并不形成威胁。以归纳或演绎为基础建立因果链的那些强大思想工具受到了冷遇。

日本人觉得，非理性的不是他们，而是西方人，理由有二：第一，西方人总是让不可证实的"宗教性"真理进入自己的形而上学领域，认为存在一位造物主——上帝，认为万象底下潜藏着规律和"法则"，却又无法加以证明；此外西方人还有一些更荒诞的信仰，例如相信奇迹。日本人觉得我们多么迷信，我们的思想方法多么荒唐啊。

第二，西方人力求各领域内部——譬如在一个受市场规则驱遣的经济体系之内——的逻辑自洽，牵强地认为自己能充分认知即将选择的事物。然而我们西方人付出的代价是一种更大的非理性：我们不得不假装相信分隔的空间果真存在，而实际上，我们所做的一切只是为着自己的便利而建构它们罢了。在真实生活中，世界并未像这样分隔成一个个局域，相反，万物都是你中有我、我中有你。

日本人的行为与英国普通法立下的准则倒是不无相像，也就是说，日本人不企图制定详细而通用的法规法则，觉得它们必将变得刻板，无法操作，不适应语境的变化。日本人实行的是"特例"体系，没有固定原则，就事论事，富于弹性，以"常识"或"直觉"为本，属于一种"理外之理"。他们也许说不清楚自己的体系是如何运作的，但是就像骑自行车一样，他们本能地学会了怎样使用它。

日本人经常发现自己陷入一种类似于某英国助理牧师的处境：主教太太早餐时问他，他的那一枚煮鸡蛋好不好，实际上鸡蛋已经臭了，但是如果他说鸡蛋臭了，主教家属的不快也许会严重地损害他的事业，而如果他睁着眼睛说瞎话，就等于拿自己的不朽的灵魂冒险，所以他回答：鸡蛋"部分地不错"。这是一个不合逻辑但在社交和灵魂方面令人满意的解决办法。日本人每日每时身陷类似困境，被错综复杂的社会结构和权力关系重重包围，他们的语言和逻辑尽是些"部分地不错"。

日本人通过礼貌的举止交流思想，不亚于通过语言。日本礼仪领域最值得一书的是他们随时展现出的极端自律、拘谨和保守的特点。没有任何一个日本人（除了婴儿以外），无论成人抑或青少年，因做出感情外露的姿势而显得鹤立鸡群。历史上，丈夫、妻子和情人从不当众接吻——虽然今日习俗已在变化，青年男女已在当众接吻。孩子年满六岁以后，就不再被父母搂搂抱抱。当然，如前所述，婴幼儿和父母保持着密切的身体接触，被抱着到处走，跟父母一起睡觉，经常受到抚摸。不过一旦他们到了六七岁，父母就和他们的身体疏远起来，保持不折不扣的一臂之遥。因此没有多少外在迹象表示特别的宠爱或亲密，人人享有一定程度的尊重和平等。

日本人频繁鞠躬，立现了人与人之间高度仪式化和正式化的礼节，在一个没有显著肢体语言——除了这鞠躬以外——的社会，竟能用整个身姿来交流，这使我惊讶。事实上，日本人很少挥动手臂，也很少做其他姿势，我记不起我看到过日本人眨眼睛，可能是我自己缺乏细致观察力的缘故吧。日本人的举止一般都很谦恭，甚至含有自卫和阿谀的意味，他们一边严防自己显得咄咄逼人，一边曲意逢迎他人。可是，当人们互相伺候得太绵密的时候，人际关系就太"黏糊"、太缠绵了。

确实，大部分问候礼仿佛要把陌生人捆在一起，形成一种相互买账、彼此依存的友情。追求和谐、信任、共生的试探性努力，取悦和被取悦的愿望，这一切才是迫切的目的。通过那躬曲的形象，整个身体变成了一个象征着内心愿望的符号，表示希望建立一种毫无危险的诚挚关系。这种做法恰好符合一个压抑差异，强调互敬、信任和一致的社会。

因此在日本，人与人之间鲜有直接冲突。肢体语言降到最低，强肯定和强否定降到最少，日本人由此保持了尽可能的低姿态。他们犹如舞厅里战战兢兢的舞者，竭力避免踩了别人的脚。他们在交往中罄尽一切手段，将情感的调门尽量保持为最弱音。这就部分地解释了为什么外国游客乘坐拥挤的地铁旅行，或在日本大城市的拥挤街道上穿行时，能够感到安全、轻松，如入无人之境。显然，重中之重是和谐、适宜、细心调整自己、悉心照顾对方。

日本人从小要学习复杂的礼数，俾以规束每个姿势和言辞。日本儿童刚刚会讲话，就要开始学习，十岁左右即已学得全套礼数。学习的终极目的是掌握沉着镇静之规，压抑和控制自己的感情。青年时代的福泽谕吉写出了众多日本人的心声："某天我捧读中国典籍，偶遇这样的古训：'喜怒勿形于色。'这句话带给我一阵安慰的颤栗，我仿佛学到了一种崭新的人生哲学。"据观察，日本人的表情不温不火，他们不会兴奋，不会激昂，除非在偶尔因酒精而精神松懈的时刻，或者在当代日本人观看棒球赛或足球赛的时刻。

如前所述，人际关系高于抽象的宗教或法律，同样，礼貌和礼仪也高于道德和法律。讲礼貌比说大实话更要紧，这是我们大多数人都会基本赞成的观点，特别是当我们克制自己，不愿真实评论朋友，以免伤害他们的感情的时候。但是日本人却走向极端，让礼貌和礼节变成了一种最深切的爱。

    日本朋友曾向我们解释，在一个凡事以和为贵的文明中，人们是怎样小心探求一种相互尊重、相互信任的关系的。一场谈话开始的时候，开场白带有总体定位的性质。说话者为表示极端的礼貌，会采用极端的距离—等级用语："在下是一个不足挂齿之人"，"此事鄙人知之甚少"，等等。但是随着谈话的进展，语言的谦卑和正式意味渐渐减少。如果某人仍旧保持最初的疏远用语，那就是一个信号，表示不喜欢对方，不愿意进一步深交。大概需要长达三十分钟的对话，才能达成准确的定位。

    既然与陌生人打交道尤其棘手，这种精致的礼节当然让每一个当事人紧张万分。我多次注意到，我同日本人谈话的时候，即使已与他们熟稔，也会让他们陷入一次紧张的交往过程，只见他们频频擦拭额头——哪怕天寒地冻，照样汗如雨下。日本人好像永远都在站岗放哨，不仅是在严防身体失控露窘，更是在督促自己保护对方的快乐和自尊。

    这意味着生活的一大内容是避免说出或做出越轨的、异样的、批评性的、竞争性的事情。使得这一切庶几可以忍受的是，日本也常有一些相反的场合，允许并鼓励可笑的、唐突的、对抗的行为。这主要表现在虚幻世界，譬如日本人参加电视娱乐节目，众目睽睽之下大展"糗行"，另外也表现在流行的漫画书和喜剧电影里。

    视像的普及性非常高，人人都可消费，极大地丰富了日本人的想象世界。90%以上的日本人平均每天看电视三个半小时。漫画，字面意思是"滑稽图画",作为一大类属,从卡通、连环漫画到讽刺画无所不包,占到日本出版物总量的 40% 左右,远远高于世界上任何其他社会的付梓比重。近年来日本漫画在国外也炙手可热,而在国内,最近三年更是发展成了一个新事物,叫作漫画茶座,集微型旅馆、自助茶室和咖啡屋、影像厅、网吧、漫画—卡通图书馆于一身。

应付通常的人际距离和礼节极其困难,聚友小酌遂成为日本的重要活动,因为这能提供一个神圣的空间和时间,供人放松。此时"不拘礼是硬道理",人们可以袒露真情实感,一名清洁工可以对老板直抒胸臆,甚至直言批评。这感觉是何等的亲密,于是,有时候教授会和学生一起跑出去喝米酒,一种饮酒"礼社"也由此建立。

始终坚持高规格的社交礼貌实在令人紧张,而解除紧张的最彻底形式是静默和不交流。只要可能,日本人就会用睡眠将自己包裹起来。与大批沉睡的日本人——他们把钥匙和手机安安心心地扔在膝头或附近的行李架上——同乘火车或地铁,乃是一番惊人的奇特经历。

更不寻常的是弹珠机游戏厅,据说有两千多万日本人在此欣然独处,卸下交谈互动的压力,沉浸在摇滚乐的轰鸣和千百万钢球的撞击声中。弹珠机游戏热发源于二战后的名古屋,那里的多家军用飞机制造厂不得不为无数剩余的钢球产品谋求赢利之道。奇怪的是,日本的弹珠机游戏厅或许很像一个极端的英国中上阶层绅士俱乐部,在那里,另一群保守而超级自律的国民躲在自己的报纸背后,也在寻求平静,希望解除微妙而无尽的人际关系大演习带来的压力。

日本人大概是世界上最文雅、最多礼和最拘礼的国民，尽管东亚人普遍具有这些特点。日本人的拘谨是众所周知的，此中意图好像是为了能够应付这样一种环境：它缺乏阶级或种姓之类的社会组构机制，人人之间都有深交的可能。

小心呵护自己与他人的友好和睦关系，这种心态我也曾在——譬如——尼泊尔的古隆人身上观察到。古隆人刻意多礼，用心体贴，社交舞跳得如履薄冰：对那些正在交往并且有可能发展永久交情的人，万不可采取疏远态度噢。同村人彼此视为有德之人，人就是目的，而不仅是手段。人际关系不能只是经济关系，也不能只是社会关系、宗教关系或政治关系，在那个不区分领域的乡村世界，人际关系是一种多重关系。

164　　日本的情况很相似，但是日本的局面令其居民更难应付，因为日本人之间潜在的多重关系，乃是发生在一个倥偬、繁忙、高度流动的现代社会。在密集的人群中，一个人时常无需与他人互动，不过，只要发生一次重要而必要的相逢，就绝不能以西方人熟悉的单层办法去对付。这次相逢会变成一场精致得多的礼仪，需要全身心投入其中。

西方人很难理解这些繁文缛节的分量。然而，假如我们知道，一亿二千万日本人是生活在一个基本像是小村庄的想象共同体里，他们的拘礼便有了解释。"村庄"里的某些圈子——校友、同僚、邻居——是重要而密切的熟人圈子，壁垒森严，极受重视。它们内部的多重关系不难处理，难就难在外人经常入侵这些避风港。每逢和新人打交道，就必须慎之又慎了，不能触痛对方的敏感之处，但又要让自己受到尊重，让自己这如此变通的人格从对方身上产生体面的回应。

日本人很重视肮脏与清洁之间的区分和划界。我至今还历历如见地记得我的惊奇：掉落在车站月台上的每一根火柴棍都会被立刻扫掉，每一个平面都干干净净的，就连车窗玻璃也纤尘不染。如果说灰尘是"越轨之物"，那么日本人会不遗余力地分离它和禁闭它，让它老老实实待在他们认为牢靠的地方。

首次访日期间我们注意到，垃圾的分类、收集和再生做得极其认真。户外户内俨然分为两个世界，如果谁把户外穿的鞋子穿进了户内，那是严重的失礼。卫生间提供专用的鞋子。很多正规仪式和休闲活动含有"去污"程序，例如，相扑比赛前要给赛场撒盐，茶道 165
仪式中要把每件器物仔细擦净。

这些都不是什么新发明。看看首批欧洲朋友对日本的描述，我们会明白，原来日本人甚至比最干净的欧洲人——荷兰人——还要干净，在日本人眼里，荷兰人的模样邋遢得很呢。

任何访客迟早会认识到，日本生活是由各种界线、空间、时间和事物组成的，它们应当彼此分隔，分别净化。净身是日本人的一个长期执念，他们仔仔细细地沐浴、洗涤、剃头、刮眉，甚至洗眼睛。卫生间里放着鲜花，以洁净空气；放着手纸，以供擦拭；装着排水系统，以便频繁冲走秽物。当今日本的饭店和公寓大都配备精致的卫生间，里面安装着形形色色的配件，用来给坐便器加温，或者盥洗身体的不同部位。操作这些奇技淫巧的是一块令人望而生畏的遥控板，对于生手来说不啻一次全新的冒险。

初步看来，这种清洁执念好像源于宗教，与仪式污染说有关。某些宗教强调洁净，洁与不洁之间的泾渭分明是其醒目表征，犹太教即是一例，更极端者是印度教，它的种姓制度天生含有污秽污染的概念。只要你熟悉这类信仰体系，你马上能意识到与日本的某些雷同。

日本的洁净观显然与古代神道教仪式有着深切的渊源。翻开神话史记《古事记》第一页，便能看到日本创世之神伊邪那岐①沐浴净身。日本人总是把宗教和洁净纠缠在一起，小泉八云写道："从上古时代开始，神道教就要求一丝不苟的洁净，甚至不妨说，神道教将身体的不洁视同精神的不洁，故而不见容于诸神。"

166　　洁净似乎具有物理和伦理的双重维度，洁净的环境与洁净的思想感情有关联，至少有间接的关联。马雷尼说：

> 日本人认为，洁净在伦理上的表现是"诚"，千百年来，诚在日本是最大的美德，至今还备受推崇。诚可以定义为内心洁净的外在宣示。……诚是欺骗和狡诈的对立面。诚的象征是镜子，镜子本身空无一物，它毫无私心地反映万象，无时无刻不在披露对与错、善与恶。

这种关联很像西方的清教主义——清教也经常不容置疑地将神

---

① 伊邪那岐，或作伊弉诺，又或作伊弉诺尊。

性、简朴、洁净、秩序交织在一起。

在神道教的神社，洁净是头等重要的大事，净化不彻底，神道教众神就不肯进来。同样，家宅也必须打扫干净，否则居住在各种神龛里和供桌上的尊神就会不高兴。不过家宅的规矩又有些不同，比如把鞋子穿进屋或者不洗澡，并不会引起遭神罚的危险。在这些方面越轨，并不等于违背了严格意义上的禁忌，越轨者的行为不会触发一股复仇之力，导致罹病或一命呜呼，也不会使灵魂的安康陷入危境。因此家宅里很少有特定的净化仪式。

假如我们在京都观看一位年轻的艺妓跳舞的时候，一不小心忘了脱鞋，我们的日本朋友会露出惊慌和苦恼的神色，但不会嘱咐我们来一场净化仪式，如果我们表示，愤怒的诸神恐怕要以某种方式惩罚我们啦，这些朋友肯定觉得我们是疯了。危险仅仅停留在世俗的层面：不脱鞋只是违背了社交准则，丧失了自尊，不符合体面人的举止。

荷兰或英国的中产阶级持有类似的美德观，认为"洁净近乎神性"，所以我们多少可以理解日本人对肮脏的厌恶和反感。然而，日本人不仅是执著于除尘、洒扫、擦亮而已，他们的生活有点像A.A.米尔恩诗中的描述：如果有人无意中踩到了地砖间的界线，一群熊就突然跑了出来。似乎有一些巨大的格栅，将世界划分成若干无形的隔间，日本人小心地蹑行于其间，唯恐唤醒了熊群。

我首次访日时，一位曾在日本学习和生活过，而且会说日语的英国教授反复叮咛我，日本有无数界线约束人们的生活。他说他制作了一套索引卡，记录他如何践踏界线，引来一头猎猎大熊的案例。他声称他每天往索引库里增加一两张卡片，即使在日本待了好几年以后仍然如此。

　　日本的一切都拐弯抹角，洁净问题也不直白。总体说来确实没有人被视为不洁，但有一个例外：某个绝少被人提起的近乎无形的群体，被认为是秽人。这就是所谓的部落民，他们大多从事特定的职业。

　　据估计，日本约有 6000 个部落民群落，总人数约为 300 万。部落民分两类，第一类叫作"秽多"，字面意思是"肮脏的"或"高度污染的"，其中包括曾经染指屠宰业和制革业的人，这些人可能在佛教引入日本之际，便获得了"秽多"恶谥。第二类叫作"非人"，包括艺人、乞丐和刽子手。

168　　我第一次听人说起部落民和在小说里读到部落民（例如岛崎藤村的《破戒》），立刻将他们归入类似印度某个种姓的范畴。部落民呈现了种姓制的一切表征：由于从事屠宰、制革等血腥职业，他们被视为不洁之人；历史上他们不能与本族群以外的人通婚；他们的住处与其余人群隔离开来，就业和就学也受到歧视；他们的文盲率远远高于其他日本人。

　　部落民中有一部分叫作"八濑童子"，他们在天皇（日本最洁净的人）葬礼这一最隆重的仪式上为天皇抬棺，这一刻他们自己也会变得暂时神圣起来。我听说还有一些部落民群体住在村口，游行时为其余村民领队，据说这是因为他们拥有特殊的净化天赋，还能为其余村民安抚土地神。

同样奇怪的是，部落民似乎是无形人，甚至自己也看不见自己。我们曾造访一个部落民聚居地，离作家岛崎藤村所在城镇不远。当时我们会见了一群妇女，有几位是部落民，有几位是部落民的妻子。这些妇女向我们讲述了她们如何遭到歧视，如何试图扭转局面的故事。

其中一位妇女是为了和丈夫团圆而到本市安家的。她的婚姻是包办婚姻，她原以为自己嫁给了一个普通的日本人，好几年她都与当地人或其他日本人保持交往，浑然不知有何差池。后来有一天，她的约摸八岁的女儿放学回家说，同学们欺负她，并且用一个可笑的绰号称呼她。这位妇女问过丈夫以后，才知道自己嫁给了一个部落民。

显然，侮辱性的印戳曾经是深刻的，但如今正在渐渐褪色。族群间的通婚比往日增加了，因此，娶非部落民为妻的部落民丈夫多半是三十岁以下的青年。工种之分也日益减少。

169

种族边缘化问题的一个突出案例是日本北部的阿伊努人。在阿伊努语中，"阿伊努"的意思是"人"、"人类"或"男人"。阿伊努人的起源以及与其他族群的亲缘关系已成热议。有人说，阿伊努人的身量、眼睛形状，尤其是发达的体毛，不仅将他们与其余日本人区别开来，而且暗示了他们的高加索或澳大利亚渊源。也有人提出，阿伊努人和俄国北部的通古斯人、阿尔泰人、乌拉尔人是明显的近亲。阿伊努语迥异于日语，但也像日语一样难以定位。

阿伊努人最初居住在本州岛各处，也有居住在北海道和千岛群岛的。后来在土地争夺中，他们被驱逐到了本州岛外的北国。据说，时至 1807 年，日本全境的阿伊努人仅剩 27000 人左右，1931年由于疫病和迫害，更降至 16000 人。据估计，阿伊努人现存25000 名左右，其中可称为"纯"阿伊努人的只有区区数十名。北海道现存的阿伊努家庭为 7000 户。

阿伊努先民是狩猎采果族群，拥有丰富的民间传说和复杂的神话系统，奉行一种萨满教，崇拜熊。阿伊努认亲法与日本认亲法大相径庭，是分别从男性和女性同时追溯血缘，故而一并产生男性氏族和女性氏族。今日的阿伊努人大多放弃了自己的古老信仰和语言，追随一种大体属于日本风格的生活方式。

阿伊努人的边缘化历史是一个哀婉而又常见的故事，只是不像英国殖民者毁灭塔斯马尼亚 ① 人那样极端。晚近以前，日本中央政府和本地居民一直把阿伊努人视为不开化的劣等人，并大肆破坏阿伊努文化，20 世纪态度有所改变，但是直到最近才开始全面保护和禁止歧视阿伊努人。

170

如前所述，日本人非常注意保持自身的清洁。兹事体大，与其说关乎医学知识，毋宁说关乎某种秩序。儿童自幼被教导说，脏是"坏"事，要怕脏。大人教给他们"脏"的含意时，把鞋子之类被认为不卫生的物件拿给他们看。提醒人们关注外部世界的危险和肮脏地带，这一做法可见于世上多种文化之中，但极尽强调之能事者，

① 塔斯马尼亚，澳大利亚东南部的一个岛屿。

也许只有日本。

日本人隐约觉得家宅外面充满各种"人之垢"，十分危险。大贯惠美子就此描述道："比如，日本儿童在户外玩耍以后回家，妈妈常会提一桶水到门口，给孩子洗脚。"我们倒要回忆一下，在日本的大部分历史时期，大多数日本人都是农人，从孩子到父母都是竟日和泥土打交道，何曾觉得污秽？当今的日本人却固执地认为，即使已经反复洗手，也不应当直接用手接触食物。

值得记住的最后一点是，内外有别的谨慎态度已延及日本的全部生活，待事如此，待人亦如此。前文说到近乎无形的部落民被视为外人，其他外族的待遇也莫不如此。

作为岛民，日本人经常认为，在一个不洁和充满敌意的世界，自己的祖国怎么看都是一个安全港。历史上，凡有从外地外国返乡的人，皆被视为危险分子，仿佛已被各类"肮脏"所污染。葡萄牙人、荷兰人等外国人更是受到严密控制，在长崎港的出岛接受严格检疫，休想轻易渗入日本。据统计，2001 年约有 170 万外国人旅居日本，虽然日本人容忍他们，不打扰他们，但对他们总有点视而不见。

我们也许要问，日本社会里那些显见的矛盾——以西方视角打量——怎么可能被忽略？一个解决之道是用日本人的眼光看待矛盾，牢记世间万象都有一个表层和一个更深的里层，一个表面的（外在的）真相和一个内在的真相。真实的、自然的、内心的愿望是一码事，外部的规矩原则是另一码事，两者需要小心区分。对圈内人或至交显示人格的一面，对圈外人则应显示人格的另一面。不可否

认，这在某种程度上是所有社会的特点，但唯独在日本社会发展到
了极端。

另一个办法是记住：日本的一切，包括思想、行为、物件，都是
仔细制造出来和严实包装起来的，都有一个保护性外壳，可以掩藏
内在的真我。日本人极重包装。包装显然是个好办法，能让选择保
持开放，因为凡事一经包装，便产生了外部和内部两重意义。包装
来源于一种顽梗的"掩藏"主调——面具、沉默、缺位，这种主调在
日本文化中尤其强烈，表现在许多小说中，也表现在充满黑暗、隐
蔽和面具的能剧里。

说来矛盾，日本人一边遮遮藏藏，一边大力强调高尚、真诚、
深厚的感情。对于日本人来说，问题不在行动，而在动机——是否
"真心"、真诚、本真？在很大程度上，最高的美德就是"诚"。然而
"诚"究竟是什么？我们西方人或许将它等同于真实、诚实、率真，
但这些都不是它在日本的意思。阿瑟·凯斯特勒注意到："一个人
完全可能一边作假，一边不失为'诚'，只要他的伪装合乎行为准则
就行。太直言和太直接反倒'不诚'。"由此可见，"诚"的意思好像
是"行事礼貌而默契"。

理解日本的最后一个方法是克服西方思路，不区分现实和想
象，不区分事实和虚构。既然西方人明白，艺术、宗教、游戏、思想
哪怕迥异于可验证的科学真理，在一定意义上照样可以是"真的"，
那么当然，日本人长期以来也可以生活在一个想象与现实不分的世
界。健一在短笺中向我解释，想象与现实之间界线的模糊化，使日

本人得以将各种矛盾力量保持永久的平衡：

> 每当我使用"假装现代"这一说法，你可能就会想，我们
> 是在欺骗你，我们走民主的、资本主义的、现代的道路，只不
> 过是表面文章，并未动真格的。你的想法亦对亦错。千真万
> 确，日本人将这些舶来制度视为一批设计，犹如服装和戏剧的
> 设计。而同样千真万确的是，穿衣和演戏是身体不可或缺的
> （实质性的）组成部分。没有这些东西，我们所属的体系就无法
> 运作，也不完整。因此，丸山真男教授说得不错，日本人应当
> 像选择一种"不可或缺的虚构"一样，去选择民主制，他们硬
> 是得豁出去打这场赌。"同一性"和"真实性"，作为"虚假"和
> "虚构"的对立面，乃是日本人很难体会的说法。

　　谈到观念和分类，我原以为，一个现代社会必然站在二元对立
的某一方：时间是线性的而非循环的，空间是始终如一的而非具有
本质区别的，语言是去语境的、稳定的而非嵌入语境的，逻辑推理
是高于本能感情的。然而我们无法将日本人放到这一方或那一方。
他们既不属于前逻辑，也不属于反逻辑或非逻辑。他们的语言能够
表达任何意思，但是他们说起话来经常言之无物。比起他们嘴里发
出的声音，他们的身体经常传达出更多的信息。我所熟悉的分类在
这里变得颠三倒四，相当陌生。这都是什么原因？整个日本文化为
什么缺乏惯常的分类？也许，难以把凭的谜底就隐藏在通常所称的
"宗教"中，那里就是整个迷津的阃奥所在。

173

7

信　仰

即使已进入 21 世纪初年，访问日本仍意味着发现一个宗教浸
润的社会。大小城镇都有寺庙和神社，而且香火日炽，每年可吸引
数百万来客。神道教神社和佛教寺庙里充斥着宗教符号——圣坛，
锣，香，数不胜数的神像，身穿华丽袈裟的僧侣。内中的装潢往往
极富戏剧性，满眼是平展的沙和石，闪亮的漆，树木葱茏的山，美
丽迷人的花园。

神社寺庙里人头攒动。伊势神宫是几乎人人必去的朝圣之地，
日光的幕府神社也是一个热门参拜目标。扛着便携式神龛（神舆）
游行是节日的胜景，届时人们抬出神社寺庙里的众神，穿街走巷巡
游，颇有点天主教国家圣者游行的意味。

宗教活动并不限于公共场所。很多家庭也设有供奉佛祖的小
型神龛（佛坛），上面陈放着食物和香火。1980 年代的一系列调查
发现，60％至 80％的日本家庭设有神道教"供桌"，供奉皇室女祖
神——天照大御神。我们曾在一家东京博物馆参观一组 19 世纪宅
邸的复原品，发现平均每户设有四座神龛，其中一座供奉"幸运神"，
另一座是神道教的神龛或供桌，还有一座供奉非神道教的厨神，最
后一座是佛坛。

无怪乎我们发现，尽管 1981 年的一项调查表明，仅三分之一
日本人明确声称有"个人宗教信仰"，但心情压抑时祈祷祝颂的人
达半数以上，参拜祖先陵墓的人更是几乎包括所有日本人。一位日
本朋友对自己的学生展开调查，虽然学生们声称对宗教不感兴趣，

但她发现，他们十有八九最近参与过某种宗教仪式。

我们得知，每一家公司、每一家工厂、每一座相扑馆、每一个组织都设有神龛，就连野寇崽帮会也有自己的神道教神社。日本乡间只要出现特殊地貌或美景，无论一块巨石，或是一道瀑布，附近总会设立一座神社或寺庙。

我和一位年轻的日本朋友谈起来，她告诉我，大多数屋子里住着一个小小神灵，只有儿童看得见。她自己的时髦寓所里是没有的，这类神灵在更老的房子里才能找到，所以许多住在乡下的人有此荣幸。虽然她从未亲眼看见过任何神灵，但是她的许多朋友确曾目睹，所以她表示："我相信我们周围到处都有这类东西，只是我看不见罢了。"在一篇报刊文章中，大阪市今宫戎神社的神主[①]津江孝夫说："山、兽、树、草，……一切皆有神灵居于其内，……我们神道教称之为'八百万神众'，然而此语不过一种说法而已，或许远不止此数。"神灵信仰也灌注在动漫电影制作人宫崎骏的作品中，影片《龙猫》尤其突出，它的中心内容便是各种本地神灵。

从绘画、品茗，到能剧、相扑，乃至新楼落成、隧道剪彩，几乎一切活动都被赋予了"神圣"感，经常有神道教僧侣在场主持仪式。较之我探访过的任何其他社会，不管是天主教社会还是印度教社会，日本使我更加强烈地感受到一种活生生的宗教。赫恩也许说得不错："关于日本人，最最没有道理的论断是说他们对宗教一片漠然。宗教，一如既往，至今仍然是日本人的生命，是他们每一个行为的动机和指导力量。"

177

---

① 这里的英文原文为 Honourable Chief Priest，实指神主，或宫司，即神道教神社的最高神职人员，负责维持神社和主持礼拜。

然而，随着调查的深入，我们开始进入一片陌生疆域。日本貌似笃信，却不伴有任何发达的神学或成熟的圣书。我们像早年的赴日传教士一样，发现不可能将"上帝"这一西方概念译成日语。当时，传教士们不得不专门发明了一个词，天主（"天国之主"），用来表示"上帝"，这是因为日语的"神"一词常取"众神"之意，与西方一神论的"上帝"概念实在相去太远。

　　日本的神，W.G.阿斯顿解释说，"是超凡的、敏捷的、勇敢的、智慧的、富庶的，等等，却不是不朽的、全知的、全能的"。神可善可恶，不附着任何道德。他们那互相平行的奇特领地并不在某个"天国"，而是在这里、在那里、在任何地方。每当你被某种东西深深地震撼、惊吓或感动，每当你产生了一种崇高之感，神就在你的身边了。一位朋友解释说，她第一次见到一幅利奥纳多·达·芬奇原画时，便感受到了一个神。另一次她感受到神在身边，是有人把她从自行车上撞下来的时候。一名伟大的歌舞伎演员也可以是一个神。

　　"超凡、另类、强大、可怕之物，都称为神，"本居宣长写道，"故而天皇、巨龙、回声、狐狸、桃树、高山、大海俱可称为神，盖因其神秘、奇谲、富于强力的缘故。……此类事物无不透出——犹如从薄纱中透出——不可理解的另类性，象征其力量。"

　　我曾在尼泊尔的一个村庄研究经年，已经做好一点心理准备，

178　足以理解某些迥异于西方的宗教诠释方式。在那个尼泊尔村庄，我曾惊讶地发现，宗教的不同功能，譬如对苦难提供解释，借助仪式与超自然力量进行交流，充当道德准则，等等，可以相当明确地分离开来，由不同的仪式主持人分别操办；而且我发现，我自己出发前的预设，特别是关于罪孽观和天堂地狱概念的预设，也大都变得可疑起来。

　　在尼泊尔，祭奠仪式和彼世生活问题由巫师或喇嘛处理，祈求保佑庄稼、牲畜和众人的日常仪式则是萨满教、印度教礼拜和佛教的混合体。为伦理塑形的，不是强烈的天堂地狱概念，也不是某套宗教戒律，相反，是多种混合因素构成了道德的基础，其中隐约有些佛教思想，例如行善积德、行恶失德、再加上"己欲立而立人，己欲达而达人"①的渴望，以及追求和谐社会的志向。然而，即使我对这种"自助餐厅"式的途径已经有了一点经验，我还是未能料到我在日本遇到的玄妙。

　　以一位年轻的日本朋友为例，我问她对天堂有什么想法，她回答说没有丝毫想法，这让我怎么理解？问及宗教，她说："我们没有宗教。"但是她和她的朋友们为了排解焦虑，经常参拜神社和参加仪式，哪怕她不一定相信有什么效验。也许我自己的经验中与之最为相似的是：我们西方人希望不要从梯子底下走过，我们觉得有危险时本能地"摸摸木头"，我们尽量避免撒落盐或打破镜子。这些事情未必与上帝或诸神有什么明确关系，但是这些行为却说明，西方人也不完全免疫于对超自然危险的恐惧。

---

　　①　此处英文原文为"do as you would be done by"，大致是"己所不欲勿施于人"的正面说法。本译文取《论语·雍也》中的两句，与之基本对应。

神道教神社里没有上帝这样的神。"因此，当你站在神社前参拜的时候，"新渡户稻造写道，"你只看到自己的身影映照在它那锃光的墙面，你的参拜行为恰恰应了那句古老的特尔斐神谕：'识汝 179自己'。"神道教神学家平田笃胤写道："一切死者皆成神。"佛教中是没有上帝的，所以17世纪的《倭论语》这样说："诚实者自为上帝（神），慈悲者自为佛陀（佛）。须知人之本性乃与神、佛同一。"人就是神，神就是人，没有区别。

除了极少数基督教徒和伊斯兰教徒以外，日本人好像不信仰上帝，也不相信有什么众神在控制人类生命。佛教和儒教都不提上帝或诸神。同样，日本人也不相信有一位恶魔或邪神。神道教确实讲神，却是些怪力乱神，性情乖戾，教士们无法与之谈判，只好寄希望于欢迎和绥靖的政策。

日本人不相信人类具有上帝赐予的内在精神本质。人类根本没有灵魂，遑论其朽与不朽。一个人死后，人们对他的记忆和敬意挥之不去，然而他的灵魂无处可去，随着记得他的人们逐个消亡，他的灵魂也渐渐灭于无形。

日本人不相信彼世，不相信天堂地狱，仅在13、14世纪的佛教艺术作品中，能够捕捉到这类信仰的些许痕迹。善恶之间没有强烈的对抗，也不存在一组宗教化的行为戒律，要求人人谨守。神道教只是一个仪式体系而已。有一位神道教僧侣告诉我，为了树立伦理观，他专门参加了一系列西方哲学课程，研究康德和黑格尔，从中了解什么是道德。

　　儒教——或颠覆性的日本新儒教——制定了某些社交行为准则，以规范人们的举止、礼数和相互关系，但它未能提供一整套深刻的伦理准则。在林林总总的佛教门派中，日本人也找不到一套完整的道德准则，各派各执一词，各各失之偏颇，某些极端派甚至否180　认佛，或者否认生命存在的真实性。

　　如果上文令西方读者感到糊涂，那不奇怪，因为我们称之为"宗教"的领域，在日本具有一种我们不熟悉的形态。还应当指出，许多日本人自己也感到糊里糊涂呢。我的一位日本朋友早年就读于一所耶稣会学校，交谈中他告诉我："说到宗教，我自己也绞尽脑汁，想弄清这个社会是怎么啦，比如说，每年元旦有数百万人涌入明治神社，显然是去参拜明治天皇的。其实大多数人根本不在意此事，但是照样蜂拥而入。"他不能理解为什么全民参拜神社，也不能断定日本人到底信不信教，信不信诸神或上帝，信不信灵魂。他的结论是："我说不准。"

　　他的犹豫不决出自多种原因。日本历史上的宗教信仰时强时弱。有一个时期，即12世纪至15世纪，日本人的宗教信仰可以说比较虔诚，至少对灵魂相当感兴趣，觉得说不定真有一个彼世。后来兴趣渐渐淡化，但并未全然熄灭。健一说，如果将"宗教信仰度"放在刻度为一到十的秤盘上，十度表示"非常虔诚"，那么日本人大致游移于六度到二度之间。他认为欧洲人游移于整个刻度盘，从九度十度，直到零度（至少无神论者处在零度）。

　　不言而喻，宗教道路的多元化也加深了混乱。对"日本人信不信教"的问题，一位消息提供人回答说，这取决于不同的情况：神道教用于生，佛教用于死。神道教与佛教不对立，两教与儒教也不对立。不对立的原因是绝对逻辑的缺位。这位消息提供人告诉我们："可以这么说，日本曾有一种多流派体系，它容让了一定的自由。我们拥有一种多元而又模糊的体系，适于保持泛灵论。正是这个因素，导致日本伦理如此不合逻辑，与逻辑井然的西方伦理恰成对比。我们的伦理因语境而变通、而屈伸。仁爱重于逻辑，也重于伦理。181两人交往，如果一方太讲逻辑，必将毁掉另一方。佛教、神道教、儒教历来三教共存，假设逻辑占了上风，早就发生多次宗教战争了。"日语用合成词"宗—教"表示"religion"①，它的字面意思是"宗派"（小团体）加"教导"。结果基督教成了"宗派的教导"。正如日本的茶道、插花和书法有多种流派，同样，生活中的仪式和对厄运的解读也有多种途径。

人们该怎样调解以下两大观点：其一，平凡的、世俗的、此世的物质主义观点，其二，入魅的、被神灵渗透的"宗教"观点？唯一的办法是顺应两者的矛盾。卡门·布莱克写道："日本人对彼世的看法充满模棱两可性，犹如一块闪光缎，把它稍微移动一点点，我们原以为是红色的东西就变成了蓝色的；再轻轻抖动一下，两种颜色又会同时闪现出来。彼世的情形也如此，……我们刚刚瞥见神在那里，在他们自己的世界，不一会儿却又来到了这里，无形地躲进

---

① 英文"宗教"，此语虽被日文和中文移译为"宗教"，英文原词却并不是"宗"和"教"的合成词，不含有"宗"和"教"这两重意思，殊不同于日文和中文。

了我们的世界，化为某些暗示性的形象。"

　　我想我曾犯过一个错误，以为日本的神和西方的神祇很相像，换言之，长得像是神仙和凡人的合一。然而我错了。日本的神只是一些怪力，寓于闪电或地震，寓于对人类发威的大自然，丝毫不像西方的小神仙、小精灵等人形实体。这就解决了一个悖论：日本的神怎么能够一边居住在常人可以感知的生活维度之外，一边又并不居住在某个超自然世界之内。电影制作人宫崎骏在《幽灵公主》中，将神描绘成翩翩起舞的抽象光影，确实抓住了神的本质。

　　可见，神既无意图也无道德，与伦理或人类行为准则毫不相干，它们只是人类居住但不理解的这个怪诞世界的组成成分。它们的形状和性质或能帮助解答一个问题：它们是怎么样、又是为什么得以避免凡俗化的？确实，它们被错误地划入了西方意义上的宗教范畴，甚至精神范畴。健一试图弄清神是否类似于西方的"崇高"概念①。但它们并不类似。它们是埃德加·爱伦·坡所说的"超常越轨"之物，是不吻合任何归类的东西。

　　科学和理性与它们擦肩而过，因为双方不在一个层面。它们不比一道虹更容易证伪。它们只是存在着，并时时露出峥嵘。它们自成一类，是北方萨满教和太平洋"禁忌"的奇特合成。

　　最接近于神的东西是无线电波或电流。我们知道这些东西存在，我们为着自己的福祉学会了捕获它们，但是我们看不见它们，除非借助某些监听器械。神犹如一个巨大的电力场，日本星罗棋布

_____

①　"崇高"，the sublime，是西方的一种美学概念和美学趣味，讨论物质、道德、精神、艺术意义上的伟大恢宏性，尤其是至高无上性（譬如上帝的至高无上），缘起于公元1世纪的希腊论文《论崇高》，后世成为欧洲哲学大辩论的主题和美学的要素。

的神龛神社就是它们的临时"家园"。日本人一边警惕地关注神，一边高声宣称自己不信神。儿童能看见和描述神，然而对于大多数日本人来说，神只是个"天使流言"，是关于某种奇异、别扭、强大、扰人之物的道听途说。

日本人不仅要趟过一个社交的雷区，在那里小心摆正自己与他人的社会关系，而且要趟过一个魔力的雷区，对付一大群极度无常的怪力——稍一触动，它们便会爆起来。放在一神论的基督教语境中，这一点极难理解，我们西方人对自然与超自然、精神与物质、人与神的分界，在这里根本没有用武之地。

在我同健一和敏子的一次早期谈话中，我们讨论了对神罚的看法。我记录道，日本人显然对所谓神罚一无所知。日本的"恶魔"被描绘得相当可笑，几近滑稽而绝不残忍。新年按惯例洒扫庭除的时候，那些受驱除的小精灵与其说是危险或邪恶的，毋宁说是淘气的（偷吃偷喝）。 183

问及厄运或苦难为什么会降临，一种回答是，这是某人先前做了不仁不德之事而降落到他头上的报应，譬如，父母早年行过不义，孩子可能遭殃。不过我并未觉得人们经常拿此说事。实际上，大多数日本人压根不知道惩罚之力为何物。

一个惊人的事实是，日本人简直全然不需要用人为的、类人的原因解释自己的世界。就我所知，日本是唯一一个其历史记录中毫无巫术信仰之踪迹的文明。此外，不像中国和韩国，日本基本上没有害人的祖宗一说，死去的亲属一般不来折磨生者。

　　而且,日本没有一群纠缠生者、伤害生者的人形小精灵或小神仙。事实上,恰如张伯伦所言,日本的所谓"fairy tales"[①] 不谈仙子,却大谈动物,如狸、猫、獾之类。日本人隐约相信什么"邪恶之眼",此物良有以也,早在 19 世纪初,西博尔德就曾描述:"日本儿童衣着简陋,……据说是为了防范嫉羡的恶果,若穿华服,他们的美丽很可能招来……邪恶之眼。"然而,明眼人只要到神社或其他各处,看看日本靓装儿童是如何招摇过市的,就能发现,对"邪恶之眼"的畏惧即或存在,也被其他信念冲淡了。

　　更广泛地考量宗教现象,我们发现还有一个奇特的缺位。日本没有"羯磨"——与生俱来的命运——的对等概念,那是印度教教义,此说的另一种表现形式是基督教加尔文宗的宿命论。日本也没有类似于印度教"转世"的概念,故不以前世的罪孽解释当前的灾患。更有甚者,就连罪孽本身,日本人仿佛也并无概念,而那却是西方一神教的核心。此外,日本没有施行奖惩的唯一神。孔子和佛陀也罢,神道教神众也罢,并不衡量一个人的行为,然后施以惩罚,像基督教和犹太教认为上帝所做的那样。

　　日本人的立场似乎很奇特。其他社会对苦难的那些常用解释,日本人几乎一种都不采用。结果,与这些解释相伴的禳灾解难的灵异技术也就一律缺位。日本人不搜巫,也不用符咒驱巫。祖先不接受供品和祭品,只需一声问候和一点象征性的花果,就足以表示

---

　　① 英文 fairy-tale,可译为"神话故事",或"童话故事",词中包含的 fairy,意为"小仙子,仙女",所以这类故事中经常出现仙子。

尊敬和感谢。日本人不直接招呼或斥退游魂，也不向上帝或诸神献祭。

相反，日本人参拜神社时，只悬挂小小的请愿卡，吁求考试及格或身体健康。如果死了人，日本人会撒盐，平时也会在房前撒盐，怀着一点模糊的念头：说不定能招来好运，或者能避免某种无名力量——那是完全可能存在的呀——的伤害。

日本倒也确实有魔法巫术。张伯伦写道："占星术、相天术、相手术、相面术、详梦术——形形色色的迷信风靡日本，不过，日本人的最爱还是用中国古代的八卦图来占卜。"日本历史上的许多大教派都离不开占卜官，涉及的占卜工具包括骨头、鸟、稻谷、脚印、占卜杖，等等。这些古老的占卜手段很可能大部分至今仍在使用。

即使高学历城市居民，也广泛使用吉祥符，如御守，那是寺庙出售的一种小符咒。我和健一讨论过吉祥符的用途，他说："吉祥符反映了我们对宗教的态度。吉祥符并不重要，但是对我们有好处。日本人普遍认为机缘是起因，而吉祥符可助一臂之力。有些事物超出了我的控制能力，单靠我自己，我保护不了家人，我需要从机缘学借取一点力量。"因此，在他的子女考试前夕，在家庭发生其他大事的时候，他都要买吉祥符。

但是此中没有统一或既成的体系。灵异技术多种多样，每个日本人任意选择，并对之半信半疑。既然如此，还剩下多大余地留给日本人去解释苦难呢？今天，相当一部分问题能用自然法则和科学加以解释，但在19世纪末叶以前，科学尚未真正成为随时可用的雄辩答案，那时候的日本人怎么办？

日本人真的很特别，他们以一种少见的达观接受苦难，视之为随机、任意、无谓，视之为机缘和运气的作用。日本的物理世界反复无常，地震、海啸、火山、洪水不断发作，日本人认为这很自然，归根结底，只不过是这个物质世界里各种非神灵力量引起的现象。

调整人际关系也许有助于禳灾解难，但是说到底，日本的哲学在西方人看来极像希腊的斯多葛学派①。生命充满快乐，当然也充满痛苦，不能归咎于恶人、神灵或祖宗。没有惩罚之神，星辰中也不含任何必然法则。人类只是些造物，受制于偶然性，是周围各种力量通过极复杂的运作，随机制造出来的。这是一种绝不神秘的实用哲学，颇具现代性，却又能追溯到好几百年以前。

人类从事大量标准化的、重复性的、形式化的、交流性的行为，而人类学家给它们贴上了"仪式"的标签。日本充满了这样的"仪式"——从十分正式的鞠躬和交换名片，到无数的典礼，直到茶道之类的休闲活动。日本恐怕是世界上最仪式主义的社会了。

186　　但是更严格地说，仪式的特殊功能应当不限于与人类交流，甚至主要不是与人类交流，而是与超自然力量或神力交流。通过献祭、念咒、运用象征符号，人类可以从当前的物质世界迁移到另一个维度。看一看这种严格意义上的仪式，日本就引出了一个问题。日本没有上帝或诸神，没有独立的超自然世界，仪式又能与谁交流呢？成千上万的日本人参拜伊势神宫，或者去往佛教和神道教庙宇，洗手，拍手，捐献小笔功德钱，写出心愿挂在树上，他们这是在干

_____

① 斯多葛学派是具有高度自制力的人，能忍受困苦或不幸而泰然自若。

什么？

日本人普遍尝试与超自然物进行交流，又是献果献酒，又是祈祷唱诗，又是游行和禁戒，但是很难弄清楚这究竟是怎么回事。有一次同敏子和健一谈话以后，我记录道："我们讨论了仪式。我向他们解释人类学家谈到的仪式是什么意思，结果他们想不起日本社会有准确意义上的仪式。他们将此部分地归因于人与自然之间二元划分的缺位。正因为这种缺位，日本人不需要借助仪式突破此世，进入精神维度。"

我更具体地记录道：

　　他们描述了十几种年度仪式，包括祭祖、祈运等等，但是承认只行其中寥寥几种，而且对其中大多数的起源和意义都知之不详。尤有甚者，如果不行任何仪式，也毫无关系。婚礼按个人所好，可以形式化／仪式化，也可以从简。有一次我们看见一个人在行一场小仪式，他俩评论说，何谓形式化习俗，何谓人类向超自然力求情，两者之间没有分水岭。他俩解释说，日本不讲彼世，所以我们不应想象人类行为可以导致此世与彼世的交融。

最好的说法也许是：日本高度仪式主义，但无真正的仪式。差 187
不多每个行为都有莫大的象征含义，但是每个行为又发生在一种当时当地的、非自然神论的语境，无法诉诸非常具体的对象。日本人的行为遵守美学法则，讲究纯洁、朴素、平衡、和谐，而非遵守善恶法则和对错法则。

❈

论述日本的作者一致认为，彼世概念在日本很不发达。中国的两次强大影响本可导致对彼世的信仰，但经日本人改造之后，效果适得其反。中国人普遍相信有天堂，认为天堂是一个超然实体，主宰着人类的命运。这种信仰构成了儒教的一个要素，但是从未在日本得到发展。日本佛教的大多数门派认为，人类只拥有此世此生，而无其他，按照山片蟠桃的说法，就是："没有地狱，没有天堂，没有灵魂，唯有人与物质世界。"但是了解日本的人必然想起，日本人对祖宗应该是心怀崇敬的吧，不然何来那些神社、墓园、佛坛。我们该怎样解决这明显的矛盾？

日本人有一种感觉：纵使没有具体的灵魂，死后也有某种东西继续存在。所以新近逝者的坟墓应当小心照料，年年探访。然而，如果逝者已经西去多日，坟墓多半会遭到忽视。逝者最初被拜为佛或仙，但是最终，他们的亡灵将与全体祖先的亡灵混为一体。这显然迥异于有关祖先崇拜的经典描述。

我问一位老太太，她亡夫的灵魂居住何处，结果她不知道。她去问僧侣，僧侣回答："你在哪里祈祷他就在哪里。"言下之意是，如果她忘了他，或者她死了，他便不复存在。可见灵魂不是独立的存在。夏天的盂兰盆节相当于基督教历的万灵节，此时新近逝者的灵魂会被领回家来。老太太觉得亡夫真的回家了，她相信，他既然是她的丈夫，就一定在保佑她和他俩的家。如果她不为亡夫设佛坛，他的灵魂当然可以推卸保护她的职责。她强调，这不是一个"祖先供堂"，而是一个"先夫供堂"；它是为某个特定的人设立的，不是为全体祖先设立的。"全体祖先"只好待在陵墓里。

　　近亲的亡灵很受重视。当前流行佛教僧侣为逝者有偿取名，你花钱越多，得到的字越珍贵。然后人们将名字刻在木板或石板上，立在佛坛里。一位朋友的佛坛立有她父亲和两个伯伯的牌位，但她不认为他们的亡灵栖息在她家里，因为照料先人亡灵"是长子必须承担的职责"。发生地震时，人们应当拿到牌位（冒着生命危险）以后再逃难。不过她怀疑牌位是否真有价值，在她看来，那只是些牌子而已。她并不真正信仰这类佛教仪式。逃生重要得多，因此她倒要倡导自顾自逃出房屋。

　　我们问一位年轻的日本朋友，人死之后会发生什么，她说她不相信会出现一个不死的灵魂，却相信逝者会以某种方式回归自然。她觉得，祖母在盂兰盆节举行仪式，召回祖父的灵魂，只是一种纪念形式，为的是祖母自己的满足。这位朋友认为，祭奠仪式为的是生者，而非逝者。她相信，逝者的单个实体已彻底死去，回归成某种不可名状的东西。她还解释说，彼世是不存在的。信神道教的人认为神与人类亡灵有些关系，信佛教的人认为亡灵既去往彼世又寓居墓园。这就是日本人扫墓的原因，也是盂兰盆节欢迎亡灵从墓园回家的原因。

　　综上所述，日本是多种元素并存，有怀疑，有信仰，也有一定的祖先概念。情况显然多种多样，因人而异，同一个人在一生中不同的时刻也有差异，不同的群体和不同的地域更有差异。"在大多数乡村共同体，"罗伯特·史密斯写道，"人们说祖先的灵魂是无为

而仁慈的，甚至是全然无力的。但也有报告说，有些地方的人常将
不幸归咎于祖先的灵魂。"信仰的支离是日本最显著的特点之一，
令人很难下一个笼统的结论。我们既可以说日本人崇拜祖先，也可
以说恰恰相反；既可以说他们相信灵魂，也可以说他们怀疑灵魂；
既可以说他们畏惧逝者，也可以说他们漠视逝者。所有的说法同时
正确。

　　日本人与逝者的关系，正像与生者一样，正式，拘礼，依语境
而变。由于日本的认亲法是从男女双系追踪，所以很难确立强固的
世系，而据研究报告来看，中国和非洲部分地区采取男系认亲法，
所以世系清晰。在日本，逝者个体很快消失在祖先总体之中，昔日
的大门遂对生者訇然关闭。逝者消失在那云遮雾障的空间以后，人
们对他不再有特殊的兴趣，也永不会与他再次相见。不像西方一神
教设想的那样，日本的逝者不会在天堂守望。他重新归于虚无，变
成大自然的一部分。尘归于尘，灰归于灰，绝不会在"最后的号角"
声中复活，绝不会返回此生。此生便是我们拥有的全部。

　　在日本，任何具体的思想或行为都不可能归纳为一错到底。错
不错要看语境。真理和道德是在社会关系中建构的，与特定的情境
息息相关。思想和行为讲究实用，受互惠原则指引，应当"己欲立
而立人，己欲达而达人"，同时受制于美与敬的法则。日本的美学
和伦理学是密不可分的。

　　观察家历来将西方一神教的"罪感"文化与日本的"耻感"文
化进行对比。当人觉得一股无形的力量（即上帝，他监视我们的每

一个思想，并利用我们对永灭的恐惧而控制我们）对内心造成了压 190
力时，"罪感"便产生了。"耻感"文化迥然不同，在这里，指导人
们行为的，是对自己在他人眼里丢"面子"和丧失尊严的恐惧。

　　其实这只是一种"半真理"，不过确实抓住了日本思维的社会
性，也看准了上帝驱动的罪感——尤其是基督教新教某些门派的极
端罪感——在日本的缺位。然而，如果罪感—耻感的对比造成了一
种印象，好像日本人不常以深深内化的标准衡量自己的动机和行
为，那是歪曲了复杂的实际情况。

　　更好的区分法，是将伦理与道德区分开来。日本人全心沉浸于
伦理准则或人际关系准则，但是，既然没有超然的上帝或诸神，也
就失去了道德关怀。伦理与道德的区分，千万不可混淆于内在罪感
与外在耻感的区分。

　　日本人承载着巨大的责任和压力而生活，人人必须按照最高标
准行事。如果他（或她）行为失当，不管别人注意与否，当事人都会
深感挫败。这不只是外在的"面子"问题。非常奇怪，即使没有一
位注视着你的上帝，许多日本人还是强烈地感到一种内化的焦虑，
不过，这不是在上帝面前的犯罪感，况且上帝并未卷入。这是辜负
了他人期望的失败感；既然我们是他人的镜子，我们也辜负了自己
的期望。这确实算是一种罪感，但不属于通常的宗教罪感。它是人
之罪，而非上帝之罪。

　　在这种无关宗教的伦理体系中，一切行为和思想都成了相对
的。没有绝对的事物。一位日本女士向大卫·李斯曼解释："日本
人不懂得普世性法则，相反，正义被缚于情境。无所谓正确或错误，
也就是说，没有超然的正确，没有宗教所持的严峻态度。"无论涉及

的问题是真理、荣誉、生命、死亡、残忍、仁慈，抑或其他，日本人的行为和思想总归可以变通。当一个人的真实欲望（本音）与对他人的道德责任（建前）发生矛盾时，他的内心完全可能产生冲突，但不属于人欲与神戒之间的冲突。

191 基督教教徒、伊斯兰教教徒、印度教教徒，总之，大部分宗教的信徒和大部分文明的成员，都曾对自己眼中的异教徒或野蛮人大施恐怖。日耳曼人对犹太人、土耳其人对亚美尼亚人、阿拉伯人对非洲人，等等，暴行的例证不胜枚举，不能单单挑出日本人，况且矢口否认暴行的也非独此一家。

明白了情境式道德观的特殊性质，就能稍许懂得日本人为什么会有如此巨大的行为反差：生活中大部分时光恪守一套礼貌的、和谐的、和平的伦理，有时候却兽性大发和明显失控。如果人的行为不以下述信念为唯一支点，即：人类有一颗不死的灵魂、世上有一套人人必须遵守的绝对行为准则，那么就会出现难以预料的后果。

我们不妨说，日本是一个最道德而又最不道德的大型文明。日本的整个生活是社交、道德和审美的混成，其间没有分界。西方人通常将经济行为和政治行为看作道德空间之外的事物，日本人却将它们和道德捆绑在一起，可惜这种道德又不是超然的宗教性道德。日本的道德像宗教一样，无处不在，却又无处所在。

管它东南西北，将道德融于生活的所有领域，是我所研究过的一些部落社会的中心特点。在那里，无论经济行为、政治行为还是社会行为，都附有道德维度，换言之，人际关系可以随时改变；人与人的交往和社会关系既讲道德，也讲实用；人永远是目的，同时也是实现目的的手段。总之，没有任何事物能够劈分为二。

在这个意义上，日本很像一个伦理关系交织的部落社会，而且是一个将数百万人——远不止区区数千人——缠入关系网的部落社会。由于道德反过来受亲缘和政治的影响，因此道德永远取决于情境和语境。如同日本的法律不可能有绝对规则，日本的道德也不可能有绝对规则，一切依存于关系和环境。上帝君临的、深度分界的 192 现代世界自称遵守绝对道德，此种道德在日本既不可能存在，也无人想要。日本的道德犹如竹子，它强壮，但在权力和情感的阵风中摇曳。

我问一位日本朋友，日本人是否认为世上有绝对的邪恶，回答是："不，没有绝对的正确或错误。没有绝对感——绝对善、绝对美，等等。没有绝对的尺度。没有超然的权威，没有这样的意识形态。……日本人怎样解释世界？没有答案，也不需要答案。我们没有世界观。哪怕倾尽全人类的努力，也必然有回答不了的问题。我们非常渺小，大自然终将压倒我们。实际上，99.9％的事物我们解答不了。"

日本的无界局面的要义是，每个事物都在一定程度上与其他事物融合在一起，没有任何一个领域起主导作用或者彻底分立。这种情势要想运行无碍，生活各领域就必须极富弹性，每一个姿势、行动和思想必须能用多种方法解读，成为多重含义的符号，并极度依赖于使用时的语境。

在这里，每个事物必须是相对的，不能是绝对的。时间、真理、空间、人格、身份，样样都必须是灵活的、相对的、变通的，而不是固定的、绝对的、客观的。同理，一切思想和道德也必须是变通的、相对的、好商量的、暂时的、未完成的、发展中的，可以根据情况而调整，永远不打句号。

原则这玩意也许看上去很合理，但也很可能造成阻塞和障碍，像河中的礁石一样，阻断变化不息的现实生活之流。如果没有上帝或绝对的道德权威，这种流畅性更容易得到保障。

任何形式的行为和思想都可能不恰当，也都可能恰当，端视语境。这是一种基于社会相对主义的道德，分析家给了它五花八门的名称，如"情境决定论"、"情境伦理"、"情境道德"、"语境决定论"，等等。它的要旨是：万物皆无定，外部世界在流动，在变化，永不恒定，人人要根据情况不断调整自己。

在相对性文化中，一个人是从他人那里获得自我认识的，他人时时变化，致使"我"的形象也时时不同。好比进入了一个魔镜大厅，镜子在变化，镜中的映像也随之伸缩和扭曲。不存在无条件的"真"我。

生活之所以像似白浪荡舟，永远需要规避混乱和灾难，其原因不仅在于他人，不仅在于多变的、难测的、遭人诟病的社会生态，也在于那些任性的神灵。松本道弘评论说："大自然随时可变，人类随时可变，与此同时，'神'对人类和大自然的态度也随时可变，这种观念使日本人感到很惬意。"

恰好对等于道德、自我观和世界观的弹性，权力也有可塑性，福泽谕吉对此作过描述。他写道：

权力在西方坚硬似铁，不肯伸缩。相反，日本武士的权力灵活如橡胶，碰到什么便调整成什么模样。碰到下级无限膨胀，碰到上级则萎顿收缩。

初访日本时，我对宗教与伦理间的必然关系抱着某些定见。我相信，宗教的主要功能之一是告诉我们善恶之分。宗教告诫我们当心恶行的后果，告诫我们彼世有罚，此生有难。宗教信仰还告诉我们人性一分为二，"善""恶"各半，几乎均等。

然而如我们所见，宗教与伦理的关联在日本大致缺失。没有上 194 帝或诸神指引道德，因此，德行义举不可能从宗教中派生和演绎出来。伦理变成了社交问题和美学问题，与上帝或诸神无关。彼世的缺位更是加深了这种无关性。没有永灭，没有天堂地狱，没有施行惩罚的祖先，没有外在的制裁。

日本人打量西方，发现西方思想体系认为道德与宗教休戚相关，这让他们很不舒服。对于他们而言，从来没有哪个唯一的宗教团体或教会能够主管道德，所以伦理教育的责任落到了家庭和教育系统的肩上。没有什么原初的堕落① 使人类丧失体面和清白。日本的主导观念是，人类既非天使，亦非恶魔，而是介乎两者之间，并且天生多变。我们的善性与恶性之间、我们的心灵与肉体之间、我们的理想与欲望之间，不会打一场永恒的战争。灵魂不会陷入危境。没有一位活生生的上帝在上方监视，看我们的行为是否得当，看我

---

① 原初的堕落，Fall，指亚当偷吃伊甸园禁果而丧失体面和清白。

们的内心动机是什么。没有绝对的善与恶。

破解日本宗教信仰之谜，一个饶富成果的途径是采用卡尔·雅斯贝斯建构的理论框架。他在晚期著作中提出了"轴心时代"[①]观念，促使人们注意到，公元前 8 世纪至公元前 2 世纪，几个文明大轮班，犹如车轮绕轴旋转，次第成为哲学和宗教的基地。

"轴心时代"以前，自然世界和超自然世界相互纠缠，人类尚未将它们视为二元对立。如同大多数部落宗教的情况，神灵世界基本上是现实世界的反映，两者不分彼此，人与兽、此世与彼世也同样夹缠不清。一般说来，那是一个萨满教和巫术的世界，一个泛灵论（物质之内蕴含灵魂）的世界，一个企图通过献祭和念咒对神灵施压的世界。神界不是一种供人衡量此世的独立的理想秩序，而是人类感官世界的无形延续。

由于迄今未知的原因，欧亚部分地区在史上六百年间产生了一批宗教伟人和哲学巨擘，他们改变了这一切。他们在物质的此世与精神的彼世之间引发了生气勃勃的张力，同时树立了一系列理念，据以评判人类的行为。这些新的哲学体系重组了上帝——理想体系——与这个堕落的世界的关系。

在中国，老子和孔子的思想对此作了声张；在印度，《奥义书》

---

① 卡尔·雅斯贝斯，(Karl Jaspers, 1883—1969)，德国哲学家，他将人类历史划分为史前时代、古文明时代、轴心时代和科技时代四个基本阶段；轴心时代以公元前 500 年为中心，当时产生了中国、印度、巴勒斯坦和希腊四个"轴心文明"。

和佛之训谕对此有明示；在伊朗，扎拉图斯特拉，或曰琐罗亚斯特①，对此有宣扬；在中东，以利亚、耶利米、以赛亚等《旧约》大先知对此有著述；而在希腊，即西方思想的渊薮，荷马、赫拉克利特和柏拉图对此进行了阐发。最终，中国找到了自己的儒学模板，至今盛而不衰；印度和中亚大部分地区找到了自己的佛教救赎；欧亚大陆西端则为犹太教、基督教、伊斯兰教奠定了坚实的基础，与希腊哲学结合之后，这些一神教将主导全世界。

　　大约两千年以后，这场哲学的海啸又产生了一次余波，带来16、17世纪的宗教革命和科学革命，将最初的剥离推向了终极定论。自然世界和超自然世界的彻底分离成为新教主义的核心，与此相伴，笛卡尔和17世纪科学革命也引发了一系列分界。世界的这次"除魅"，包括将人类世界从神灵世界剥离，使前者站立在可认识的物理化学等自然法则基础上，使后者居于别处。

　　日本看来是一个从未经历过轴心时代的大型文明。地理上的 196 孤立意味着它受到了天然保护，未遭那场横扫欧亚的宗教大潮的侵袭。轴心时代导致的分界以西方一神教而告凯旋，并且深刻地改变了印度和中国的多元体系，但是未及到达日本，已经耗尽了气力。不过，日本人早就熟知轴心思想，故不能将日本描述为"前轴心的"，只能描述为"非轴心的"。

　　在论及日本对上帝、天堂、地狱、罪孽、自然、人类的态度的著

---

① 扎拉图斯特（Zarathustra）或琐罗亚斯特（Zoroastra），相传为拜火教创始人。

作中，这方面的证据俯拾即是。日本态度的核心是二分法缺位，灵肉不分，身心不分。

轴心哲学家创造的对立概念在日本均告阙如。"知性本身被视为伦常情感的臣属，"新渡户稻造写道，"无论人类还是宇宙，都一视同仁地被认为具有精神性和伦理性。"在日本，万物是相连的、不分隔的、相对的、暂时的。没有绝对事物，此时此地与永恒之间没有矛盾，"应当是"与"就是"之间没有矛盾，人与神之间也没有矛盾。

基于大量支持性证据，社会学家 S. N. 艾森施塔德提出，日本在各大轴心哲学光临本国的当儿，成功地颠覆了它们，导致它们失去了一个基本的张力，即理想与现实的对立。他评论道：

> 日本的独特在于，它是唯一一个尽管与轴心文明——中国和朝鲜、儒教和佛教——不断接触，却未被它们以某种方式边缘化，反而将自己的历史从远古保存到现代的非轴心文明。

日本居然能够办成这件事，令人不由得特别惊诧，要知道，它作为一个有文字的大型文明，表面看来是张开臂膀迎接了儒教和佛教两大传统啊。艾森施塔德进一步指出："日本对儒、佛两教以及嗣后对西方思想的改造……意味着对轴心宗教、轴心思想和轴心文明的去轴心化，但其立足点不是地方性或外围性'小传统'的舞台，却是'大传统'的腑脏。"

日本抵制了一种哲学思想：理想及善是一个独立世界，一个独立于人类和大自然之外的精神世界，我们用它来衡量我们的行为，指引我们的救赎之路。这种抵制真是一种非常特别的情形，它充分解释了日本的奇异性，并且说明，为日本哲学和宇宙论奠定基础的那组前提，与欧亚大陆轴心体系的前提是截然不同的。

罗伯特·贝拉在他的近作《想象日本》中强调，日本至今仍是一个非轴心文明。他提出，"直到德川时代，仍可将日本文化和社会定义为非轴心一类"，明治维新以后，"非轴心前提幸存下来，只是糅入了一些轴心原理，形成了一个复合物，不过非轴心前提依旧保持着首要地位"。

"通过所有这些巨变，"贝拉认为，"日本社会的基本前提虽被剧烈改造，却保持着非轴心性。也就是说，日本一直未完成轴心化，从而也未完成超现实与现实的分界，国家与社会的分界，社会与自我的分界。"

坚守全球唯一一个非轴心的现代文明，日本是怎样做到这一点的？追本溯源，日本早有泛灵论的普遍信仰和一整套净化仪式，后经不断修正，晚近时期终以"神道教"名义形成了典律。这大致可称为一个仪式—礼节—敬意体系。日本人从不曾抛弃它，或者用其他体系彻底覆盖它。

日本的泛灵论信仰非常坚定，直到 14 世纪，佛教各改革宗抵 198 达以后，泛灵论信仰才被淹没，但 19 世纪末又重振旗鼓，成为天皇信仰的组成部分。神道教神社如今遍布日本，经常栖身于佛教寺庙之内，或者为佛教提供栖身之所——我们也许原以为两教要激烈交战，其实它们却在友好相处。以"宗教"一语的现代意义衡量，神道教不是一门宗教，但它显然担负着一定的责任，指引人类穿行于一个充满神灵的世界。

佛教被引进日本后迅速改造，形成新派，但新派也未带来剧烈的"轴心性"变革。通过 14 世纪的日莲宗、禅宗等改良宗，日本人获知，佛教不是一种需要走极端的宗教。佛已经教导人们：上帝和诸神是虚无的，于是日本佛教徒干脆从字面上理解，公开宣布一种反宗教："若能见佛，则杀之。"世上无佛；世上其实空无一物。日本佛教与此世之间很少有紧张的对立，日本佛教只是一组帮助个人在此生寻求救赎的活动。

日本对佛教的这番改造委实惊人，须知佛教是轴心世界的一大哲学，几近真正的宗教。大隅和雄曾撰文讨论佛教传入日本的关键时期，也就是 13 世纪至 14 世纪，他解释说："日本修改佛教，使之与原有形式发生了诸多分殊。从一开始，日本人便将佛教融入神道教，并融入本国固有的关于精神世界的宇宙论。"由于先决环境，也由于此时此刻的政治和哲学气候，佛教分裂为几派，不仅彼此分手，也与大陆佛教分道扬镳，以致"镰仓时代佛教信条的制定，竟然经常对立于佛教既成教义。这些教义上的分殊，反而提高了佛教新派的反教会权威的声望"。

199　　中村元在系统地分析印度—中国佛教与日本各思想流派的区别时，细述了当时发生的情况。鉴于日本人的主要忠诚对象是封闭的小团体和社会关系，他写道：

> 很容易理解为什么日本佛教倾向于忽视普世性佛教信条。……我们注意到，日本人为了实现可操作性，对佛教进行

了彻底的改造。日本社会成为佛教信仰的土壤之前,首先摈弃
了印度和中国的宗教习惯。……日本人是在其特有的民族主义
立场、民族主义方向的框架之内接受佛教的。他们倾向于将佛
教用作手段和工具,去实现某种社会—政治目的。他们不皈依
佛教。他们使佛教皈依他们自己的部落主义。……日本人接受
佛教时,自己的原初立场一寸未变。这就是佛教在日本传播得
以如此迅速的原因。

用印度和中国的两大普世性宗教作为标准去衡量日本,中村元
得出结论:"以'宗教'一语的真实意义而论,宗教从未扎根于日本
的土壤。"

在日本,不同的佛教派别从不同的团体获得支持,譬如从武士
阶层、城市贵族集团,等等。日本不仅是各种传统——神道教、佛
教、儒教以及后来的西方哲学——的宿主,而且瓦解了每一种传
统,宣扬根本不同的信条。实际上,由于佛教既提供解释神灵世界
的明确教条,又强化日本的本土仪式,所以佛教反倒巩固了日本原
有的信仰和仪式。贝拉曾描述,日本早期佛教思想家如何"借用轴
心传统(此处指佛教,但在很多其他场合也指儒教)的材料,为一
种非轴心立场提供理由。……不妨谓之为:以轴心之道反制轴心
之身"。

艾森施塔德指出,日本"对佛教削足适履,它的这次去轴心化
行动"称得上举世无双,因为,论及日本案例,"它在塑造全文明
的新传统时,用自身的异教前提——基本上属于一种此世的宗教
观——改造了佛教这一'大'宗教的前提,将其中更加超然的、彼世

的前提摘到一旁，但是当然并不完全废除之"。日本佛教主张人类只拥有此生。

同样，儒教进入日本之际也是强弩之末，失去了主导中国和传入朝鲜时的那种王者气势。它的声音放低了，变成了所谓的"新儒教"，在日本的相对主义环境中迅速调整，以适应与神道教及佛教并举的地位。新儒教提供了一些行为规范，特别是人际关系准则，但它算不上宗教，甚至算不上一套普遍原则———一套树立理想、供人衡量自己生活的原则。儒教深刻地影响了日本生活，但是像佛教一样，在被吸纳的过程中丧失了轴心性。儒教未能改变日本社会组织的基本前提。

日本对儒教去轴心化的一个要点是，舶入儒学的时刻，改造了儒学中宗教与政治的原有关系。假如日本人用儒学彻底置换"皇族乃神之直系神圣后裔"的思想，那么，"日本人就会从一种古旧的统治观转移到一种轴心统治观"。然而，贝拉所言不虚："这样的转移，虽然自从日本人初识儒教信条以来便可进行，却从未进行。"

儒教在进入日本后的整个发展历程中，受到了怎样的改造？渡边浩教授向我作了解释。他描述，中国的儒教即使缺失此世与彼世的明确对立，也在一定程度上主张有超然之物和至高天堂。日本第一次阐释儒教信条时，便剔除了上天裁判说，不让统治者听命于上天。而且，在18世纪的第二波儒教影响中，日本又作了进一步的改造。

特别值得一提的是，极具影响力的思想家荻生徂徕[1]颠覆了儒教的另一个信条。他提出，中国历代帝王认为，人之初性本善，帝王自身则是人类美德的化身，因此他们通过鼓励人性教化而施行统治，然而实际上，民众是不可能被教化为更善的人类的。比较而言，荻生徂徕更加沿袭了马基雅维里的愤世嫉俗的思路，劝告幕府将军用铁腕统治无知而躁动的民众。恰如某些人所说，强权即真理，目的——秩序和纪律——即能证明手段的正当。

另一项改造是针对儒教中仁爱与逻辑之间的平衡问题。一位学者向我们解释，日本伦理之所以呈现"重仁爱、轻逻辑"的特点，首先是因为儒教本身就很强调仁爱，然后，"当儒教从中国舶来的时刻，日本抛弃了它的逻辑，只接受了它的仁爱"。中国像日本一样，思想体系也是百家荟萃，熔道教、儒教和佛教于一炉，但是中国极重逻辑，视之为儒学体系的首要元素，"而在日本，仁爱取代了逻辑——逻辑消失了。我们的体系不属于轴心体系，却又被仁爱所渗透"。如果脑与心在日本发生冲突，胜者必是心。

两千年来，日本从未让自然和超自然彻底决裂。没有任何唯一神曾经主导过日本，从而通过对这位唯一神的崇拜，将千头万绪的问题——伦理、仪式、苦难观、彼世、万物之目的——一网打尽。无怪乎日本人听西方人谈到"一种宗教"的时候满头雾水了。

寺庙也罢，手工艺也罢，日本生活处处体现着洁净、朴素和苦

---

[1]　荻生徂徕(1666—1728)，德川时代的大儒学家。

202 行主义，这倒确实令我想起了西方基督教的新教改革运动。也因为
此，一些著名专家看出，佛教各派在日本的所为，与16世纪加尔文
宗、路德宗在欧洲的所为十分相像。京都那些静谧而空灵的宗教建
筑多么眼熟啊，其中呈现了某种"非"人类的东西，但我无法明确
指出那是什么。

　　日本拥有的是一个杂交物，不能归于佛、儒两大宗教体系的任
何一种。在日本，万物皆有"灵"，盆罐、计算机、金鱼、建筑物、空
间、时间、茶、石头、相扑、桃子、回声，乃至野寇崽，无不蕴含着神。
日本看起来确是一个"入魅"的文明。

　　反过来，以轴心意义上的"宗教"来衡量，日本并不拥有丰满
的宗教。没有彼世，没有上帝，没有天堂，也没有必要用动物之类
的祭品安抚上帝或诸神。萨满教仍旧坚守在日本的一些边缘地带。
个体祖先的存留期不超过个人对其音容的记忆期，然后湮没在全体
祖先之中。祖先一般不骚扰生者。没有诅咒，没有巫术，没有任何
特殊的东西需要信仰。

　　日本既不像挤满神灵的印度，也不像仍与一神教鬼魂共存的西
方。日本既不敬神也不渎神，既非世俗也非宗教，既未入魅也未除
魅。它与其他维度共存，与一个我们的全部理解力都不能帮我们弄
懂的混合体共存。日本是一个给予人们众多选择的综合体。

　　日本人扩展早期神道教、佛教、道教、基督教的框架，在这些
较传统的路径上添加了一大套新宗教，还经常将自己心目中的科学
精华和宗教精华添加进去。"新宗教"是一个通称，指日本18世纪

以来各种各样的宗教运动。进入 20 世纪以后，新宗教的数量和力量激增，被《讲谈社日本百科全书》用如许词汇加以描述："救世主派、先天论派、千禧派、乌托邦派、复兴派、末世论派、信仰疗法派、危机派"，不一而足。它们从日本以往的一切信仰和仪式——包括佛教、神道教、儒教、民间宗教、萨满教——汲取营养，更新其中的各种元素。一般说来，新宗教的创立者是天赋神授型的领袖，经常是一名能够通神探神的妇女，探得神谕后，众信徒遂建立组织，予以传播。立正佼成会和创价学会是两个最大的新宗教，各有信徒数百万。

　　新宗教的领袖喜欢宣称人格建设是幸福生活的宝匙，为此他们时闻批评之声。有人指出，将所有问题诉诸哲学态度和自我克制，容易分散对社会问题的关注，导致保守主义生活观的形成。这类宗教的兴起可视为社会崩溃综合征，也可解读为又一个例证，说明日本人怎样在新形势下创造新的杂交体，以期复兴和调整旧信仰，将旧事物的内核装入新的外壳。

　　新宗教赖以为本的那种哲学，无悖于天性、情感、理外之理，要求人们本着诚心，努力做自己认为应该做的事情。最终，一切计算、原则、绝对命令都消失了，个人不得不追随自己的真诚而真实的信念。这些新宗教许诺，无论一个人是笃信还是半信，总归能获得一份万应灵丹，足以应付精神和物质上的全部需求。

　　如果我们声称，日本的哲学体系与世界上其他所有大型文明的哲学体系几乎是背道而驰，这话乍听上去不免夸张。这等于是在主

张，日本与其他各国的差异远甚于——譬如——伊斯兰教与基督教之间的差异，或者远甚于印度教与犹太教之间的差异。然而，日本

204 的差异性其实比我们所主张的还要根本。实际上，日本全面避开了轴心变化，否则早就以某一种世界性宗教作为它的根基。

深刻差异的证据遍及日本生活的一切领域。只有认识到这个层次，我们才能找到一把钥匙，一口气解开我试图探索的谜题矩阵。只有意识到，日本人至今依然生活在一个萨满教的"部落"世界，我们才能开始懂得潜伏在表象底下的简单道理，否则，这扭曲而矛盾的表象仍将使外国人困惑，也使日本人自己为难。

日本朝着一个脱离世界其余地区的方向演化，这一论点，只要我们考虑一下日本列岛两千年来承受的历史和地理压力，便不那么牵强了。而且，如果我们将日本哲学发展史置于一个更大的语境，即，外界的影响进入日本之际全部经历了深刻的修正，我们就能看出，去轴心化历程只不过是日本一系列改造运动中的一个。我们会发现，日本人重塑了——并且还在重组——外界强加的所有影响，防止它们从根本上摧毁日本的核心凝聚力，以便将这个不区分领域的世界保存完整。

悠悠数千年，日本居住着多种不同的族群。回顾历史，在公元6世纪，经济、社会、政治、宗教仍然彼此纠缠在一起。日本的创始神话也属于部落神话，历代君王据说是天照大御神这位女神的直系后裔。当时的日本是一个巨大的混合部落共同体，已经有了一种与亚洲大陆已知语言形式均无关系的独特语言体系，有了一整套本地

习俗，也有了一种泛神论世界观。

公元 7 世纪，中国的种种建制形成第一波洪流，开始注入日本，但是日本当地文化已经如此牢固，中国思潮的旅程又是如此遥远，新制度终于未能全面接管日本。相反，新制度甫一抵达，便接受过滤，天长日久，中国世界观的大部分内容已被修正一新。

对外来思潮的颠覆行为一再发生。儒教、佛教、帝制，这些来自中国的体系相继接受检查和调整，然后装入一个古已有之的顽强的日本模具，从而赋有了全新的意义。同样，日本对中国的管理规则、城市形式和技术发明也作了调整，例如没有采纳中国的官吏制度，也没有仿造中国的城墙。虽然吸收了中国的书面文字（汉字），但是改变了它的字义和语法形式，同时开发了一个更简单的文字体系，与汉字并用。

14 世纪，日本迎来另一波进口高潮，输入了以农业技术为代表的一批新技术，也输入了一批哲学体系。不过佛教在日本的各改良宗变得完全不同于大陆各宗，它们被融入了一个泛灵论加儒教的强大混合体，那是在佛教抵达日本之前即已存在的。

16 世纪，欧洲人——先是葡萄牙人，然后是荷兰人——带来了新的影响，此时日本已能做到只取所需，而不彻底改变自己。因此，他们把火药武器、欧洲牲畜、葡萄酒和玻璃杯、基督教、西方科学思想一一拿来做试验。不料浅尝之后，他们放弃了其中的大部分。时至 1700 年，日本这条文化长河还跟两个世纪前一样，但因来自外界的水流而变得更强大。

接下来的二百年间，日本继续汲取中国和西方的思想，到头来却进一步加强了自己的另类性。因此，当 19 世纪中叶欧美帝国向外扩张，对日本形成最大挑战的时候，日本已能我行我素。他们汲取所需，对社会和政治进行局部改造，将西方的科学技术纳为己用。

到了 1920 年，日本从表面看上去，已变成按照西方模式塑造的亚洲第一个工业资本主义社会，但是深究一下，主要还是那条旧川在西方表层下面流淌。以结构论，日本依然迥异于西方的民主资本主义。

二战结束以后，日本向美国急转弯，一支强大的新水系涌入旧川，致使日本一度看上去像是美国的翻版。然而这一次主要还是表象，还是选择性借用的着色效应。尽管社会确实发生了某些剧变，但大部分观点和习惯变化甚微。

大多数文明严格划分生活的不同领域，而日本对这种"轴心二分法"的抵制，正是其弹性和快速应变能力的一把秘匙。"较之中国和其他亚洲国家，日本更容易进入现代工业世界，"伍夫伦写道，"其中一个原因就是，没有任何基于超然信仰的强烈成见阻碍日本改变其心理，而心理变化乃是从容应对物质变化的必要条件。"伍夫伦用"意识形态的变色龙"一语描述日本人，他的隐喻不仅抓住了日本的快速表层变化，也暗示，在这副常变的皮囊下，变色龙本身得以幸存下来。

或许有理由辩称一切国家莫不如此。法国人夸耀自己一方面吸纳了多次入侵和外国压力带来的影响，一方面依旧还是法国人。岛国的英格兰人将本土文化视为一条长河，发源于盎格鲁—撒克逊，一路上又有各种小水流融汇进来。日本之所以成为其中的极端案例，原因在于它是一个如此庞大而多样化的文化，它的自成一体的状态又是如此悠久。而且，它在地理上也远离任何大陆。最近一千五百年间，外来影响是一点一点渗漏进来的，反倒增强了日本的抵抗力和适应力，使它免疫于全盘的、革命性的变化。结果，日本比任何其他国家更为成功地过滤了外来影响。 207

日本有史以来一直与亚洲诸邻不即不离。这种中间立场很能说明问题。中国作为世界上最伟大、最古老、最具创造力的文明，离日本不过数百英里之遥，这位巨邻的存在是一个强因子，永远都在影响日本，并让日本黯然失色。反过来说，高尚文化从中国以及某种程度上从朝鲜流进来，又把日本放到了一个幸运的位置。

设想一下，如果日本处于印度尼西亚群岛又当如何？距离中国大陆遥遥数千英里，它不可能成为一面五光十色的镜子，映照所有那些归功于中国的古老而惊人的技术文化制品。在大部分历史时期，日本生活在一棵赫然大树的阴影下，而这棵大树永远在出产新的果实和种子：陶瓷、丝绸、茶叶、武器、书面文字体系、政府管理制度、宗教和哲学。日本学会了一件事：把中国的发明拿过来，调整它们，颠覆它们，精益求精，于是，日本人改良了陶瓷、茶道、甲胄刀剑、园艺、佛教、文字。每逢日本遭受外力冲击，这种过滤外来影响的技巧总能让它立于不败之地。

同时，日本与中国大陆的距离也起了保护作用。假设日本与中国陆路相连，就可能被这个优越的邻国压制，就可能深受中国影响。假设日本离中国更近，就不容易做到特立独行。四百英里左右的险海，加上中国于 15 世纪初叶放弃了海上大冒险，摇身变成内向型文化，使日本免除了遭受侵略的命运。所以日本和西欧一道，成为

欧亚大陆上唯一未被蒙古人征服的地域。渐渐地，日本变得与其他
208　岛国无异：来自多种外国源头的思想和制度在此形成了一个新的混合体。

　　日本"神话"自诩：调整后的舶来品嵌入了统一的、大体上一模一样的"日本性"。但是我们有必要回想一下，这些舶来品的起源是多么地千差万别。我还清楚地记得我和日本人口史学家速水融的一次谈话。速水融的主要研究项目是日本近三百年的社会结构，他向我概述了他的研究结果。据他解释，日本东北部是一个"绳纹"文化[①]区，起源于西伯利亚，它的表征是早婚、低育、直系家庭、长嗣继承制，属于一种狩猎采果式文化。日本中心地区居民起源于中国，其特点包括晚婚、直系家庭和核心家庭并存、高度城市化。西南部居民源自波利尼西亚，经由琉球群岛而来，其特点包括晚婚、私生率高、离婚和再婚率高、直系家庭、妇女社会地位高。

　　我们知道，日本部分地区一直保持到 19 世纪末叶的社会结构、婚姻模式和民俗表明，日本历史上至少发生过三次内移民大潮。其一，一些强大的传统和民族从萨满教的北方经由库页岛进入日本，或经由朝鲜进入日本中部；其二，日本大部分文化和一部分人口显然从中国迁来；其三，一些民族从马来亚、波利尼西亚和太平洋其他地区出发，中途跳过一个个岛屿，来到日本的南方安家。所有这些外来民族和外来影响联合成了一个独特的混合体，它的多样性，

----

①　"绳纹"文化，指日本新石器时代文化，因陶器上普遍饰有绳纹，故名。

只要到热闹的大街上瞧一眼日本人的面孔，便能得到明证。

如同英格兰及其混血的人口，日本的岛国性自古造就了民族身份的同一感和差异感。日本包含多个文明，但不直接映射其中任何一个。一千多年来，日本既有鲜明的口音差别和文化差别，又有基本统一的语言、文学、宗教和治国模式。日本得以在这一长列岩岛的独特生态和地理环境之内，发展和试验某些最畅达的东西，是它的面积和多民族性所赐。 209

日本人投入巨大精力对自己检疫隔离。他们希望边界是森严的，但也允许小小的松动，他们发现这是最惬意的生活方式。控制外来移民，不欢迎多多的人口，但欢迎多多的思想、技术和其他影响力，这就是日本历史的内核。

以这样的眼光看问题，我在遭遇日本文化和社会时觉得奇怪的多种现象便有了解释，另一个问题也变得可以理解了，那就是，为什么日本拒绝适应无论西方还是东方——尤其中国和印度——所发展的思想分类和行为分类。

像英国一样，日本文明的诸般元素全部从海外舶来。我们知道，日本很少有什么宏观发明能与中国的伟大发明一争高下，或者与 17 世纪以降西方在哲学和技术领域的宏观建树一决雌雄。然而，日本人给自己所采纳的一切外来发明增添了价值。

在伦敦的维多利亚—阿尔伯特博物馆，走出中国展厅几步，来到相邻的日本展厅，你立刻感到进入了一个依稀相似而又迥然相异的文明。从多方面看，日本寓居在一个更精致、更敏感、更顽皮的世界。它的真切的创造性使你感到奇谲出离，更感到惊讶，因为其中大部分起源于隔壁的那个大厅。在不息的细微变化的表象底下，日本犹如一个神奇的澳洲，保存了一批独特的文化意义上的奇花异草和奇禽异兽，丰富了我们大家的体验。

8

走出镜中日本

我的外孙女莉莉小时候穿过一个大衣橱，探访了一个奇境，然 211
后从大衣橱里跳出来，四下瞧瞧，郑重地说："整个世界都变了！"
同样，从镜中日本游历归来，我的世界也变了。一个后果是，我不
禁疑惑起来：到底哪个世界算"正常"，我自己的还是日本人的？19
世纪访日的许多西方游客也思忖过这个问题，现在我终于明白了他
们的意思。

威廉·格里菲斯问："为什么我们行事与日本人恰恰相反？到
底是我们颠倒乾坤，还是他们？日本人说我们是反物。他们把我们
的书法叫作'蟹书'，说是因为'它反着走'。……哪一个种族是左
撇子？谁的真理是反的，谁的真理是正的？真理又是什么？什么是
大头朝下，什么是大头朝上？"爱德华·莫斯把赌注押在"日本人大
头朝上，西方人大头朝下"上面：

> 外国人抵达日本后的第一个观察结果是，某些事情的做法
> 日本人与我们正好相反。我们认为我们的做法是无可否认的
> 正确，而日本人也形成了同等印象，觉得我们做每一件事情都
> 与他们完全不同。既然日本人是一个开化得更早的种族，很可
> 能他们的某些行事方式才真的是最佳方式。

日本的最非凡特点之一是，它的世界不啻为一个严守的秘密。 212
像任何性质相似的世界一样，它有点儿隐而不见，仅仅偶尔春光外

泄。不少访客意识到那里有些怪事，但因缺乏持续的勘测，更广大的公众不可能了解底蕴。日本不是一面能够看进里面去的镜子。

锁定 1870 年代以来日本向西方"开放"的这段时期，我们可以看出，当时的各类西方访客对这个谜一般的文明究竟认识到了何种程度。伊莎贝拉·伯德是一位资深的游记作家，但缺乏比较性研究的训练。爱德华·莫斯是一个了不起的观察家，但没有社会理论的背景。小泉八云建构他的理论框架时，不得不依靠未必准确的赫伯特·斯宾塞。以上几位的撰著，都是在 20 世纪初叶的人类学大突破之前写成的，况且他们也不曾系统研究西方，故而无法据以衡量日本，甚至不曾系统研究中国，故而错失了另一个不可或缺的比较对象。所以说，1860 年至 1920 年间的这代观察家尽管目光深刻，充满洞见，却无法走得更远，到达镜子的背面。他们虽然以敏感的笔触刻画了那个颠倒的世界，但不能真正理解它，也不能拿它和我们的世界进行比较。

1920 年至 1960 年间的一代作者，如库尔特·辛格、福斯科·马雷尼、诺曼·雅各布斯、鲁思·本尼迪克特等人，以人类学和比较社会学的认知方法装备了自己，所以对日本的认知更深一点，但他们眼里的风景仍只是外表上迥异于西方。之所以未能获得最深层的认知，各有其原因：

本尼迪克特从未亲临日本和感受日本。辛格是经济学家，没有证据表明他受过比较社会学的正规训练，或者对欧洲具有系统知识，或者对中国有过经验。雅各布斯使用的是一种韦伯框架，然而马克斯·韦伯这位社会学家对日本的认识绝对谈不上充分。马雷尼作为一位熟知意大利和西藏等地的人类学家，装备得最为齐全，他的著作不乏真知灼见，有时还很优美，而且像辛格和赫恩一样，他觉察到了日本的另一面，但他并未尝试将日本放入一个通用框架，由此把日本带回我们的理解范围之内。

二战以后涌现了一批卓越的社会学家和人类学家，包括罗纳德·多尔、中根千枝、罗伯特·史密斯、傅高义，还涌现了一批杰出的综合性作家，如埃德温·赖肖尔。这些作者提高了我们对日本文明某些侧面的认识。他们与托马斯·史密斯、乔治·桑瑟姆等优秀的历史学家一起，提供了大量细节，足以对日本作出一次新的评估。还有一批更晚出现的人类学家和社会学家，如乔伊·亨得里、大贯惠美子、约翰·克莱默、塔吉·莱布雷、朵莉娜·孔多，就日本社会的一些具体侧面提出了一些有趣的见解，但是他们很难保持早期作者对日本的奇异感。在他们笔下，幻象奇景在消失，日本在"正常化"，在楔入西方的分类法。

然后，20世纪末出现了一系列宽泛性的比较社会学研究，为我们认知日本灌注了新的活力，其中的代表人物，是罗伯特·贝拉和S. N. 艾森施塔德。这两位学者采用的诸种理论，全部来自德国社会学，尤其来自卡尔·雅斯贝斯。两人在一定程度上揭露了日本深层的、非轴心的另类性，而他们尚未完成的工作，是将自己的新发现与前人揭示的矛盾和谜题充分整合。

就在外国人难以穿透镜中世界的同时，镜中人本身也很不容易认识自己的国家，从而为外国人提供指南。确实有一些鞭辟入里的分析在日本问世，譬如福泽谕吉、柳田国男、丸山真男、网野善彦　214

等人的研究，可惜他们的著作翻译不多，国外专家难以拜读，更何况事实证明，这些著作即使对于高学历的日本人来说，也十分费解。

问题一部分出在镜子的表面——它布满了西方影响和"现代性"。大多数日本人自以为非常现代，多少有点像西方人，至少是相差无几。日本人被教导说：19世纪末的明治维新和工业发展，导致了一次从封建到现代的革命性转型，这就是日本成功的原因。然而这种自我观照并不完全可信。

日本人像外国人一样，也受到某些不容置疑的进化论框架的牵制。接触外国理论后，他们接受了一个定义：今天的日本是一个成功的"现代资本主义工业"社会。如果真是这样，为什么很多日本人仍感觉自己与别国迥然不同？我认识的不少日本人都告诉我，他们觉得很难理解西方的宗教、浪漫爱情的激越、个人主义的涵义、资本主义伦理的运作、法律契约的重要意义，虽然他们被频繁地告知，要想成为"现代"国民，这一切可都是核心要素。

日本人觉得已经掌握了西方语言，自以为理解起来应该流畅无碍。然而，出于某种不可解释的原因，他们还是感到有些糊涂和忐忑。但是他们不敢求助，唯恐暴露自己的无知。提出一个问题，则可能表示对别的问题也有严重的误解，因此他们宁愿默默地忍受煎熬。

一种隔靴搔痒的挫败感由此而生。外国人一个劲儿描述和分析日本，但是日本人对他们的分析统统加以拒绝，认为文不对题。一旦问到"题"是什么，日本人却茫然回答：不知道，只知道不切"题"。

215　解决这个两难命题的一条思路，是厘清镜面和镜内的差距。日本人建构了一道难以穿透的防护墙,阻挡外国干涉,不许别人探头探脑,妄图认知日本。而外国观察家呢,又倾向于从日本身上发现本国的映像。如果观察家来自工业资本主义社会,便在日本魔镜里看到一个工业资本主义社会,凡有另类事物的踪迹,他们总会拂到一旁,当作毫无意义,或者当作前朝的遗迹。这些事物超出普通访客的先验太远,根本不可能被他们理解。

反过来说,日本人面临的问题也一样大。他们意识到,虽然自己的世界与西方或中国有几分相像,但是更多方面却有着本质的不同。但是,他们离自己的社会太近,习焉不察,故不能解释那些无法分析的矛盾现象。

我和健一及敏子是经过旷日持久的长谈,耐心梳理表象与内在本质的差别之后,才开始看出症结所在的。敏子最近撰写了一篇论福泽谕吉——我俩共同研究福泽谕吉已逾多年——的文章,中肯地分析了日本的状态:

> 福泽谕吉的思路是,日本不得不将家庭关系保持为铁板一块,但在家庭范围以外,亦即在经济领域和政治领域,日本却不得不变成西方那样的资本主义自由世界。明治维新以来,日本人力求做到既效仿外国的社会制度,又不剧烈改变密切的人际关系。结果我们永久地拥有了这种双重社会结构。社会的外部结构是西方的,内部却是日本的。在日本社会生活的每一个方面,我们都能看到这种双重结构,只是组合方式不同而已。也许就因为此,外国人试图了解日本人民和日本社会的时候才会如此困惑。然而这正是日本接受西方外来影响的方式。

❋

216　　　我本人认知日本的尝试，也曾长期受阻于本书开篇所议的那些简明却错误的进化论假定。成年后的大部分时光里，我深信不疑地认同一种理论：世上所有文明都是经由一条相似路径走向现代世界的——最初是狩猎采果民；然后是部落社会，其中一部分发展成农民文明并奉行某种世界性宗教，并且一望而知，是以"轴心"二分法为基础的宗教；最后，在最近二百五十年间，诞生了工业社会。

　　我曾深信日本人也吻合这个框架。我认为，如果世上确实存在一个与此不同的文明，而又并不是至今仍可见于某些偏远小部落的旧世界残迹，那它肯定非常惹眼，肯定会让我们略有所知吧？它不可能躲到我们的视线之外。

　　于是，需要辩论的问题只剩下：日本走到了这条路的哪一段、哪一节。当时我心存一个预感：日本像英格兰一样站在本地区的前沿，当然也就在现代道路上遥遥领先。它必能相当利索地套入"进化"理论的大框架。

　　1990 年代占据我思想的主要问题，就是如何将日本楔入这个妙论，然而，它怎么也楔不进去。只有当我松开手，管它什么日本不日本的时候，只有当我更加竖起耳朵倾听的时候，我才认识到我的整个框架太僵化，且有种族中心主义之嫌。

　　如今看来，若依定义逐个检验，日本既非现代、前现代，亦非后现代，毋宁说它处于一条这些术语都不合用的轨道。同理，日本既非资本主义、前资本主义，亦非后资本主义，倒是一个不符合马克思主义定义的混合物。再论"科学的"，如果此语大致表示爱因斯坦所描述的科学革命的本质，即希腊的哲学（尤其是几何学）加上培根的经验论，那么，日本再次剑走偏锋，既不是科学的，也不是前科学的。再论逻辑推理，日本的因果链模式，日本对什么是证据的看法，都不吻合西方的希腊—文艺复兴框架。至于棘手的宗教问题，日本既不彻底拒绝宗教，也不视之为必需品。

确实不易看到日本镜内的真实世界，即使惊鸿一瞥，所见景象 217 也很难解读。经过十五年的访问、交谈和思考，我觉得，日本人与西方文明或其他文明的差异不是一点点，而是天悬地殊，乃至我们常用的认知工具一概被证明无能为力。日本人根本不吻合我们的那套区分。

有些试图认知日本的学者已经意识到这一点。其中一位是约翰·克莱默，他相信，"日本社会确实对西方社会学理论的许多观点形成了严重的挑战"，日本发展了"一种形式独特的现代性，极大地挑战了西方的诸般假说和主张，也挑战了西方智慧王冠上的那颗瑰宝，即西方为了解释自己和自己所属世界而研发的社会学"。那么我们怎样才能认知日本呢？

有必要回忆一下：百多年来学者们一直在迎接挑战，力图认知各种迥异于西方的社会制度。当年，人类学家来到南美洲、非洲、新几内亚、东南亚，却发现自己无法将西方的归类模式套用于这里遇见的部落。如果试问，这些部落的立足点是"身份"还是"契约"，是"个人主义"还是"整体主义"，或是西方二元概念中的任何一种，定将一无所获。于是他们一改思路，设法形成一种关联概念，去探明某文化内部各元素的交互关系。

　　人类学家带着一种先整体、后局部的方法踏上了征程。他们强调，各元素在功能上相互依存，单独了解某一个表征是不可能的，除非与其他表征联系起来观察。对于部落生活的不同领域，他们着眼其结构上的同源性。最后，他们将自己的结论性专著置于一个比较框架之内，不再单纯对那些社会进行归类，而将每个社会视为一种变异，一个大体不同但又不无相似的实体。借助全新的分析手段，人类学家忠实反映了所见部落社会与他们的出发地之间的巨大差异。

　　部落社会的典型特征是，其内部的一切事物是相互关联的，不可能将一个领域或建制划分出来，命名为"艺术"、"经济"、"家庭"、"政治制度"、"意识形态"或"宗教"。每一个领域既无处不在，又无处所在。几乎每一个思想和行为都同时具有美学的、经济的、家庭主义的、政治的、意识形态的、政治的维度。比方说，当你送出一份礼物的时候，你也送出了上述所有这些维度，只是程度不同而已。

　　在人类学家出发的那个世界，功能领域之间有着严格的区分，以致每一领域至少在理论上成为一个分立的空间。艺术的功能就是艺术；经济的功能就是生产和消费；家庭是仅限于近亲的小圈子，应当远离政治、经济和宗教；国家和政治制度自成一域，宗教也自成一域。人类学需要处理的问题，就是如何摈弃这批预设，如何解释那些"无缝"社会的运作。

�֎

回顾我们在日本的发现，可以看出，日本的结构更吻合"部落"性质，而不属于"现代的"和"分界的"一类。在日本，许多活动含有美学成分，大部分生活关系着美的追求。直到晚近，在外界的影响下，日本人才开始明白，原来专门有一种东西叫"艺术"。

生产物品，用来提高人类物质生活的舒适度，这种愿望在日本非常强烈，而且实行得力，但是同时，日本的人际关系却不肯受制于抽象市场力量的法则，或受制于短期的利益盈亏。导致的结果是，日本没有独立的经济领域。家庭，作为各样情感的包裹和人际关系的模板，它的气息弥漫在日常生活中，不仅渗透所有的社交活动，而且深入到经济和宗教领域。但是，血亲之间的亲缘关系却非常淡薄，甚至可以说，日本压根没有真正的家庭体系，只有一系列人工建构的拟家族群体。

我们称之为"政治权力"的强力之流，将每个日本人裹挟进去，结果人人都被逮入了一张上下左右施展压力的大网，以个人的力量简直无法抗拒，然而，日本没有真正的国家机器或发达的政治制度。日本的思想和思维高度成熟，文学传统也很伟大，然而，日本人轻视逻辑思维，重视情感和直觉。日本没有绝对真理，一切屈从于常变的语境。虽然宗教仪式丰富多彩，而且日本人普遍感觉到超然之物——那不是人类的力量或僵死的大自然——的存在，然而，个人宗教信仰非常贫弱，神学、教义、仪式、道德皆未作为独立的体系而发展壮大。

表面看来，日本不是部落社会，它具有工业社会的多种特点：

高识字率、多城市、多工厂、成熟的技术。但在此表象之下，日本似乎以某种手段防止了任何一个领域分离出去，或者变成一种起主导和决定作用的基础构架。辛格将日本描述为"如此简单"——见本书开篇引用的警句，我认为他的含意便在这里。以结构论，日本文明确实简单，没有分类，没有细巧的构造，犹如一个单细胞生物。这种简单性之所以令我们困惑，是因为我们很难理解一个各元素互不冲突的整体系统；我们习惯了一个分门别类的世界，从而也习惯了互相冲突的忠诚，互相抵牾的兴趣。

恰如轴心时代降临以前的所有社会，日本至今缺少一个个的水密隔间，它更像一条携着一道道涡流的奔腾大河，或者一匹交织着各种颜色的花布。一旦我们捕捉到了这个事实，我们便占据了正确220 的地形，能够理解日本的生命力和日本的表面矛盾了。日本不再是"另一个星球"，而是人类学家描述的众多部落社会的一员。我们最初的片刻踟蹰，只不过起因于内心的震惊——我们发现在日本，外在的圆熟科技居然与内在的无界状态水乳交融。其实镜内有着完美的逻辑，是一个优美的整体，只是不合西方的逻辑，也不以其他文明的通行办法划分空间罢了。

如果我们采用西方社会学常用的途径，按个体和功能划分空间，就不易感知日本表象底下的简单的关联性。勿忘在前人的认知追求中，这种途径并未胜任愉快。假如我们企望发现日本是一个"现代"文明，含有分门别类的事物（"个体"）或彼此分离的建制（"经济"、"宗教"、"政治"、"社会"等等），那我们仍将裹足不前。

在日本语境中，基本实体不是一个事物、一种建制领域、一粒分子、一名个人——不同于西方思维中可能的猜想。相反，日本的基本实体是一种关系。每一样事物取决于情境，并与其他事物象征性地联系在一起。这就是日本的运行方式，也必须是认知日本的方式。园艺、礼仪、人，都不能从其本身去理解，总要与别的事物相关联才行。我们进入了一个镜厅，万物都在互相反射，万物都是自身空空。我们不得不将日本理解为一个不分界的文明，同时牢记一个事实：日本有一亿多人口，而非区区几千人口。惟其如此，许多最初令我们困惑的"既—又"矛盾才有了解释。

像很多人一样，我也常因日本的杂交性而震惊：日本居然将所有的对立物合二为一——暴力与和平，纯洁与色情……不一而足。如前所述，我们按西方思维令其保持相互隔离的东西，日本人却不加区别。自然与超自然、个人与集体、精神与物质，这类二分法起源于希腊思想，后被所有的一神论哲学所沿袭，甚至大量体现于印度和中国的哲学，却统统消失在日本。 221

当然，每一个民族和文明都是独一无二和与众不同的。如果你是英国人，你或许很难理解意大利文化或法国文化，但是就意大利和法国这两个案例而言，我们采用的格栅或多或少仍可套用，剩下一些套不进去的现象也就总有办法解释了。日本怪就怪在几乎没有一样东西套得进去，简直没有一个叠合之处。从一开始，我们就进入了一道陌生的风景，我们熟悉的二分法在此全部失灵。我们来到了爱因斯坦或埃舍尔①构想的相对主义世界，它的怪诞（在我们

---

① 埃舍尔（Escher，1898—1972），荷兰画家，其画作主要描绘想象中的变形、不规则的几何形状以及在建筑上不可能实现的几何形状，代表画作有《升降》、《凸凹》、《高低》等。

眼里）不亚于人类学研究过的最奇异部落。

　　日本是一个不能划分成一个个局部的大型文明，这一事实，必将影响我们认知日本的方式。日本应当是一个"格式塔"①，如一张格式塔照片或画幅②所示，是个要么一瞥之下尽收眼底，要么一无所见的国土。在这个意义上，日本类似于人类学家研究过的典型的不分界社会。把一个部落社会切割成碎片，我们将不可能了解它。脱离了整个拼图，一块块拼板将了无意义。因此，要想了解日本，必须用心灵的眼睛一次性地快速扫视。

　　这就是本书快速勾勒日本画幅的一个原因，尽管每个局部必然是浮光掠影，却不失为整体认知日本的一次尝试。我希望，这种途径能够更真实地解释日本的性状，远胜于死抠一点而不顾其余。一点一滴地研究美国或法国是可行的，如此研究日本却有闪失。若欲把握日本文化的一条中心线索，我们必须综合追索日本生活的一切领域。"只有本着刺透生活所有侧面——和平与战争、诗歌与箭术、仪式与休闲——的精神，"辛格写道，"才有可能找到测量日本心灵的可靠尺度。单凭一个抽象理念、一种体系、一件艺术作品或一种建制，那是找不到的。"分解，则等于整体认知的丧失。

----

　　①　"格式塔"，Gestalt，心理学术语和一种心理学流派。格式塔心理学强调，整体不是其组成部分的相加，而是自有其本身的特征。

　　②　格式塔心理学常用图片和照片诠释其理论，譬如，用某种横看成岭侧成峰的几何图形，诠释其"multistable perception"概念。

我在日本发现的是第三类现代文明。遭遇日本之前，我以为世界上只有两类文明：第一类，西方开放型文明，具有制度化的空间分界，以当代欧美为代表；第二类，封闭型文明，将一个领域奉为其他领域的主导，例如法西斯主义国家以政治当道。日本既不完全开放，也不彻底封闭。

主要出于这个原因，我发现"日本"问题适于用来横向思考。我们被自己的文化所包围，被先进的技术所茧缚，被想象和假设所淹没，很难退后一步打量，发现自己的世界其实是一个偶然的、建构的、绝非必然的世界。

19世纪末，欧洲正值必胜主义①的鼎盛时期，当时人类学作出了一个重要的贡献：提供种种替代性选择和一大批"另类"。人类学家从遥远的国土带来奇闻轶事，挑战了西方的假想，使我们得闻巫医的故事、离奇的性风俗、怪神信仰、种种禁忌。然而，这一切只是来自某些人口不过两三千的小集群，他们的习俗或许能挑战一些基本假想，但也可以忽略不计。这些习俗被发现的社会全都太小，技术太不发达，各方面太异类，因此，即使与我们同期共存，看上去也像是古代的遗踪。学者们认为，这类社会正濒临灭绝，反正是不可能在现代环境中幸存下去。

然而，日本是一个大型文明，有着一亿二千万极其高效、经济上极其成功的人口，而且，虽然理论上只拥有一支"防卫军"，却是一支人数庞大、装备精良的军队。所以日本不可能被忽略不计。假如日本的基础前提和基本原则果真不同于西方，那么对于我们业已

---

① 必胜主义，或必胜论，即认为某种政治学说或宗教学说优于并将战胜其他同类学说。

223 枯竭的想象力而言，它就果真形成了另一种选择。日本帮助我们认
识到，也许并不需要现代西方的那批中心特点——即灵肉之分，自
然与超自然之分，以及经济、政治、社会、信仰等制度化的分立空
间——就能成为世界强国。这些区分伴随着西方的科学革命和工业
革命而来，大概也正是这两次伟大变革的不可或缺的前提条件；反
之，为什么科学和工业主义未能发源于东方？原因之一恐怕就是这
些区分的缺位。但是日本向我们表明，即使没有这些区分，一个现
代社会也能成立。

在希腊语中，"乌托邦"的字面意思是"乌有之邦"，从某些方
面看，日本正是严格意义上的乌托邦。它比较讲求平等，秩序良好，
艺术水平相当高。这类特征经常用来描述非文字化社会，但是在日
本，这类特征却与现代化工业生产体系和城市生活方式并行不悖。

较之我所描绘的我自己社会的肖像，日本的情况形成了强烈反
照。现代世界诞生于西方，以其生产力（工业主义）、技术效率、对
隐藏法则的发现力（科学）、宽容性、民主制给世人留下了深刻印象。
但是，有所得必有所失。

一个代价是精神上的。心灵与肉体、事实与价值分离后，空虚
和空白随之产生，一代代的西方诗人和哲人感受到空虚，探索着空
白，其中佼佼者有布莱克、华兹华斯、济慈、丁尼生、罗斯金、阿诺德、
叶芝。分界后的生活也许变得更繁荣、更安全，但也好像失去了不
少意义。脑与心分开了，世界开始除魅，物欲开始泛滥，心灵深处
的升华尽行消散。世界变成了心理荒漠和精神旷野。

第二个代价是社会代价。宗教和亲属集群原是整合人群、赋予人生以目的的两个手段，随着两者的凋敝，西方人变得漂泊而孤独。224这种无根状态或许解放了个人，最终也切断了个人与他人的深切联系。我相信，孤独的个人主义是西方现代化强大力量导致的必然后果，这股力量击碎了所有的群体和等级，创造了一个充满自私个人的空旷世界，如托克维尔所言，人们触摸得到对方，却感觉不到对方的存在。

将各种其他选择与西方资本主义相比较，日本道路显得颇有吸引力。

日本案例表明，恰如约翰·克莱默所言，"通往现代性的轨道不止一条"，这也解释了为什么"日本看起来既入世又出世"。日本的现代史向我们指出，一国的技术现代化，不一定意味着一国的全盘"西化"。

我们要么对日本的经验背转身去，要么从中汲取营养。有些人采取了背转身去的政策。罗伯特·史密斯指出："为了宽慰自己，我们极力抹煞所见现象的含义，否则我们将只好承认，一个不同于我们的体系不必变得与我们相像，就能实现我们长期自诩唯我们独有的成就。"

我们可以不想变成日本人的样子，却不可以不钦佩日本人的奋225斗——他们沿着不同于西方的道路，正在努力创造一个有尊严的、美好的、饶富意义的社会。日本人对生态、政治、社会和宗教的态度说明，我们其实不必消费这么多物质，不必抽空我们的生活意义，

不必变得空前不平等，不必仅仅信仰唯一神，不必有这么高的犯罪
率，不必变成讼案风行的社会。日本人给我们提供了别样选择。

马雷尼总结道：

> 细察日本，我们不仅认识了世界的或文化的陌生一隅，也
> 认识了我们自己。比较性研究给眼睛插上了翅膀，将我们举上
> 了太空，让我们从一个新的距离看地球——从这个立足点，我
> 们可以借助更犀利的波长，看清历史背景和当前处境。假设日
> 本不存在，就该马上把日本发明出来。

思考上述问题正其时也——此刻，我们继承的模式正受到严峻
的质疑，许多人正在寻找一种既能带来经济富裕，又能带来生活意
义的哲学。我们不可能照搬日本的解决之道，不过日本确实证明：
另一种并列的选择是存在的，历史尚未终结。"他们的道路不可能
变成我们的道路，"辛格评论道，"但是它犹如一面还原镜，显示了
一个业已实现融合的文明的本质。"

日本道路不是儒家道路，其实是反儒家道路。但它将儒家经验
掰碎了再重新整合，因此成为了另一种并列的选择。我对日本感兴
趣，不仅因为我们日益认识到全球的互相依存，而且因为我们对现
代的人工分界日益不满。我们正迈向一个通常泛称为"后现代"的
新时期。但是西方从现代转移到另一时代的这整个动向，与日本发
生的情况很不一样。以一种不同的方式构造社会，日本堪称一场迷
人的实验。

短短几百年的西方优势之后，世界的重心正在回归亚洲，此时 226
此刻，抓住机会逃离西方文化的种种设定尤为重要。印度，特别是
中国，已经加入世界新秩序的建构，必须有更多的模式供这些国家
考虑。现有的一组模式，包括资本主义、共产主义、伊斯兰主义，
是不够的。印度和中国可以从这样一个文明学习经验：它在西方的
游戏——资本主义生产——中与西方打了个平手，但是拒绝屈从于
压力而抛弃本文化的核心价值。

日本不仅学会了颠覆以欧美为代表的现代性，而且抵制了儒
教、佛教等普世哲学体系的威逼。它做到了一切自尊的民族想做的
事情，那就是既保存自己的身份，也接受外来的有用之物。

一方面，日本升华和改善进口物品，使舶来技术变得更加锐利
和高效，同时并不压制实用而美观的本国物品。另一方面，日本断
然拒绝了进口物品的哲学内涵。这不单是一个将儒教、佛教、西方
工业资本主义稍加弱化的问题，而是尽量颠覆它们，使之不能捣毁
日本生活的不分界性质。新词汇源源不断地加入本国的文化语言，
但是语法大体上原封不动，或者毋宁说，语法也在迅速改变，但不
仅仅是折射外来压力而已。

日本向我们暗示着遥远的过去，亦即一种不分界的部落生活、
一段人类的幼年，也暗示着人类的未来。日本或许是一个明日世界
的部分预兆，在那里，西方思想传统的主导地位已经式微，文艺复
兴精神、科学革命和工业革命的美丽余音已经变成一份全人类的遗
赠；发源于西北欧外围地区，嗣后又输入美国的政治、哲学和社会 227

构架已经恢复到更恰当的比例，成为百花丛中的一朵小花；在西方后现代社会和东方更古老社会的双重地基之上，新的统一体和融合体已经诞生。

过分强调日本的独特性是危险的，每逢我讨论或讲授日本话题，总有听众提醒我注意这种危险。有必要在此申明，当我如此解读日本文明的时候，我的论点和寓意究竟是什么和不是什么。

日本令人如此感兴趣，原因在于，它虽然身为工业文明，却迥异于西方的同类文明。社会学工具主要建立在西方经验的基础上，有助于揭示日本不是什么，却不能确切指出日本是什么。只有借助更加地方化的人类学描述，才能更好地完成这个任务。

哪些历史条件导致了日本的非凡表征，这个问题比较容易认识。与世隔绝，岛国性质，邻近中国，外加一系列偶然事件，共同解释了日本的发展过程。无关乎人种或 DNA，无关乎固有文化的奇特性。

日本不是千篇一律（地理形态和社会阶层千差万别）；日本不是一成不变（变化始终都在发生）；日本不是亘古有之（它的不少成分是 19 世纪末叶才产生的）。实际上，日本是"变化的同一"，无论将它视为古老，抑或视为崭新，都是同等的荒谬。

"日本之道"绝非世间第一。它给了日本人许多美好的东西（融合、富裕、美、和平），也给了许多不太可爱的东西（强求一致、健忘、种族主义）。日本人身上不太可爱的品质大多也见于其他岛国居民，譬如英国人。历史上英、法、德、美等帝国主义者绝无权利将其生活方式强加于他人，同样，日本人也绝对拿不到这样一份许可证。

镜内的探索揭示了许多欢乐，但也有痛苦的代价：日本儿童时常觉得自己无法取得别人期待的成就，所以自杀率相当高；自闭青年据估计多达 10 万至 40 万，闭门不出每次可长达经年。还有，日本人对陌生和未知的事物普遍心存畏惧；对过去的错误不肯承担责任，也不肯直截了当地道歉，让人听个明白；对逻辑和理性时常怀有太多的不信任。

妇女以及某些近乎隐形的群体，如部落民、阿伊努人、朝鲜族人、外来打工仔，经常被边缘化，被视为二等公民。此外，巨大的压力迫使人们服从尊长意志，并与平辈和下级保持一致；暴力和色情作品的消费相当普遍；现实与虚构时常混淆；不问青红皂白地服从强权；无端地绝望或自憎。

许多总体论述入魅国土的学者都强调，那里充满诱人的陷阱。其中之一是，很容易将"美"误作"真"或"善"。事实上，伦理变成了随机应变，双重标准随处可见。挚爱可以瞬间化为愤恨。外来者被视为非人，并且经常被视为恶魔或神怪，因而遭到袭击或隔离。入魅状态维护了一片和谐一致的气象，向这种秩序发起的任何挑战都会受到镇压。新思想往往被认为危险有害。

在这种入魅的世界，幻想与现实很难分清界线。理性和逻辑受到严重的压抑，让位于情绪、直觉和感觉，这些天赋在导致快乐的时候倒也是优点，问题在于，它们极易发展成暴民情绪和法西斯主义，即一种幼稚病、集体癫狂症、群众狂喜症，并将个人彻底淹没，毕竟，个人永远是羸弱的。

229　　魅境内的居民觉得不容易理解除魅的世界，所以日本人对西方本身和西方的日本观迷惑不解。进一步分析，魅境内的居民觉得有趣和开心的东西，别人则未必感兴趣——反之亦然。生活在魅境外的人不可能进入魅境，也不可能透过它那层防护性的镜子看清它。即使窥见了一眼内幕，也像窥见仙境一样偶然，通常是一闪而过。

外国人很难融入日本社会，并消弭自己的外国味道。通过不懈的努力，你也许能变成——譬如——法国、美国或中国社会的一分子，然而，很多外国人发觉，无论你在日本生活了多久，无论你多么卖力地适应日本，你永远还是局外人。实际上，有些朋友告诉我，外国人的言行举止越像日本人，日本人越是排斥他们。现在我怀疑是否有哪个外国能够仿效日本，哪怕它羡慕日本，哪怕它能照抄日本的某些元素。这个内向的、非轴心的、不分界的社会范式，可不是一颗能够移植或输送到任何外国的果子呢。

日本究竟是令我着迷，还是令我反感？我很难说清。其实，大多数了解日本的外国人对它既着迷又反感。有时候，日本显得如此美丽迷人，而且意味深长，仿佛让我们回到了天堂、伊甸园、童年和安全港，满足了我们对失乐园、天堂、亚特兰蒂斯、圣杯之地、迷境仙踪的向往。紧接着，当我们从梦中醒来，日本却像是一片野蛮、幼稚、因循、好斗的国土，它如此滞重、黏着、退化，是一个陷阱，是一支塞壬的歌，诱使启蒙和理性之船沉没海底。日本充满混杂和模糊，充满可爱和可恶，它向人敞开大门，也拒人于千里之外。

我们该如何告别镜中日本？一个良策是回忆一下莎士比亚《暴风雨》的结尾，想想普洛斯彼罗是如何告别魔岛的。经济学家库尔特·辛格是一位德籍犹太人，在日本几所大学执教八年后，于1939 230年被迫离开日本。事隔几年，他写出了《镜·刀·珠》一书，显然，作者不仅熟知日本人的二战行径，而且深谙正是他的祖国给日本提供了一部分榜样。忆及自己的日本经历，他不无惆怅地总结道："然而只要梦境还在持续，普洛斯彼罗这段唤人清醒、引人回味的收场白②就没有减轻梦境的神奇魅力，也没有减损一种生活方式的价值，这种生活方式成型于一个多变的、肮脏的、卑琐的世界，也成型于一片光明的、甜美的、流淌着和谐、充满着文雅的疆土。"

我坐在一座英格兰式的花园里，在玫瑰、忍冬和细雨的包围中

---

① 塞壬，Siren，希腊神话中的一群女海妖，以其美妙的歌声诱惑船上的水手，致使船只触礁沉没。

② 普洛斯彼罗的这段收场诗是：现在我已把我的魔法尽行抛弃／剩余微弱的力量都属于我自己／横在我面前的分明有两条道路／不是终身被符箓把我在此幽锢／便是凭藉你们的力量重返故郭／既然我现今已把我的旧权重握／饶恕了迫害我的仇人，请再不要／把我永远锢闭在这寂寞的荒岛／求你们解脱了我灵魂上的系锁／赖着你们善意殷勤的鼓掌相助／再烦你们为我吹嘘出一口和风／好让我们的船只一齐鼓满帆篷／否则我的计划便落空。我再没有／魔法迷人，再没有精灵为我奔走／我的结局将要变成不幸的绝望／除非依托着万能的祈祷的力量／它能把慈悲的神明的中心刺彻／赦免了可怜的下民的一切过失／你们有罪过希望别人不再追究／愿你们也格外宽大，给我以自由！（自朱生豪）

打下最后这几行字，此时我的日本之行已经恍如隔世。但我深知，我在另一个岛国文明的魔镜内度过的时光已经改变了我。我希望，这趟镜中行也能帮你体验那迷人的兄弟世界的一点奇妙，它是如此的难解，皆因它是如此的简单。

日本主要历史时代

公元前 50000	旧石器时代
公元前 11000	绳纹时代
公元前 300	弥生时代
公元 300	古坟时代
552	大和时代晚期
710	奈良时代
794	平安时代
1192	镰仓时代
1333	南北朝时代
1392	室町时代
1568	安土桃山时代
1600	江户（德川）时代
1868	明治时代
1912	大正时代
1926	昭和时代
1989	平成时代

---

* 根据马丁·科尔卡特、马里厄斯·詹森、熊仓功夫所著《日本文化地图》（牛津，费顿出版社，1988 年），第 8—9 页。注意：其中几个较早的年代显然是约略时间。

本书频繁征引的几位
早期访日西方人

Alcock：阿礼国（拉瑟福德·阿尔科克爵士），英国外交官；1859 至 1864 年间两度访日，游历多个地区。

Bacon：艾丽丝·培根，19 世纪末访日的美国人。

Bird：伊莎贝拉·伯德，英国旅行家；1878 年游历日本中部和北部，历时七个月。

Chamberlain：巴兹尔·霍尔·张伯伦（王堂），英国教师；1873 至 1911 年间大部分时间旅居日本，游历多个地区。

Griffis：威廉·E. 格里菲斯，美国教师；1870 至 1874 年间访日，游历多个地区。

Hearn：小泉八云（拉夫卡迪奥·赫恩），爱尔兰-希腊裔作家、教育家；1890 至 1904 年间主要旅居日本。

Morse：爱德华·L. 莫斯，美国动物学家、艺术研究专家；1883 至 1887 年间三度访日，广泛游历。

Scidmore：伊莱莎·西德莫尔，1880 年代末访日的美国人。

网站、参考书目及推荐书目

本书是对我十五年来思考日本问题的一个简要总结，以我本人已发表和未发表的若干著述为基础而写成。这些著述对本书所涉及的部分主题有过更深入的讨论，因此我已将它们，以及我的访日影片和其他资料，全部载入我的网站 www.alanmacfarlane.com，位置为 www.alanmacfarlane.com/japan/book.html，并且按时间顺序展示我的发现之旅：从最初的基本印象和混乱观点，直到本书的完成。此外还有一组影片载入 Youtube，放在"ayabaya"名下。

假如您不太了解日本，而又很想体验这片奇异的国土，那么，您不妨借鉴以下书目中标有 *** 号的十几种，它们对于我认知镜中的世界有过最大的帮助。

《讲谈社日本百科全书》（东京，讲谈社，1983 年）中也有许多精彩的文章，论及日本生活的方方面面。两卷本《日本——插图百科全书》（东京，讲谈社，1993 年）也非常出色。马丁·科尔卡特、马里厄斯·詹森、熊仓功夫所著《日本文化地图》（牛津，费顿出版社，1988 年）同样是一个介绍日本丰富文化传统的好向导。

以下著作，除另行标明者外，均由伦敦各出版社出版①。

---

① 为方便读者查阅原书，以下书目表中的作者姓名和书名均保留英文，不译成中文。

Alcock, Sir Rutherford, *The Capital of the Tycoon: Narrative of a Three Years' Residence in Japan* (Longman Green, 1863), 2 vols.

Arnold, Sir Edwin, *Seas and Lands* (Longmans, 1895)

Bacon, Alice Mabel, *Japanese Girls and Women* (Gay and Bird, revised edn, 1902)

Barthes, Roland, *Empire of Signs* (Cape, 1982), trans. Richard Howard

Bayley, David H., 'Police, crime and the community in Japan', in George De Vos (ed.), *Institutions for change in Japanese society* (Berkeley, Univ. of California Press, 1982)

Bellah, Robert N., *Tokugawa Religion* (Glencoe, Illinois, The Free Press, 1957)

Bellah, Robert N., *Imagining Japan* (Berkeley, Univ. of California Press, 2003)

Benedict, Ruth, *The Chrysanthemum and the Sword* (Routledge and Kegan Paul, 1967) ***

Bird, Isabella, *Unbeaten Tracks in Japan* (Virago, [1880] 1984) ***

Blacker, Carmen, *The Catalpa Bow; A Study of Shamanistic Practices in Japan* (Unwin, 2nd edn, 1986)

Chamberlain, Basil Hall, *Japanese Things* (Tokyo, Tuttle, [1904]1971) ***

Clammer, John, *Difference and Modernity* (Kegan Paul International, 1995)

Cortazzi, Hugh, *Dr Willis in Japan 1862–1877* (Athlone, 1985)

Dale, Peter N., *The Myth of Japanese Uniqueness* (Routledge, 1988)

Dore, Ronald, *Flexible Rigidities* (Athlone Press, 1988)

Endo, Shusaku, *Samurai* (Penguin, 1983), trans. Van C. Gessel

Eisenstadt, S. N., *Japanese Civilisation* (Univ. of Chicago Press, 1996)

Enright, D. J., *The World of Dew* (Secker and Warburg, 1955)

Fukuzawa, Yukichi, *The Autobiography of Yukichi Fukuzawa* (New

York, Schocken Books, pb. edn, 1972), trans. Eiichi Kiyooka ***

Fukuzawa, Yukichi, *An Outline of a Theory of Civilisation* (Tokyo, Sophia University, [1875] 1973), trans. David A. Dilworth and G. Cameron Hurst

Griffis, William E., *The Mikado's Empire* (Harper, 1903), 2 vols.

Haley, John O., 'Sheathing the sword of justice in Japan: an essay on law without sanctions', *Journal of Japanese Studies*, 8 (2), (1982)

Haley, John O., 'Criminal justice in Japan', *Journal of Japanese Studies*, 18 (2), (1992)

Hall, John W, *Japan; From Prehistory to Modern Times* (Tokyo, Tuttle, 1968)

Hall, John W. (ed.), *The Cambridge History of Japan*, volume 4 (Cambridge Univ. Press, 1991)

Hane, Mikiso, *Peasants, Rebels and Outcastes* (New York, Pantheon Books, 1982)

Hearn, Lafcadio, *Kokoro; Hints and Echoes of Japanese Inner Life* (Tokyo, Tuttle, [1895], 1972)

Hearn, Lafcadio, *Gleanings in Buddha Fields* (Kegan Paul, Trench and Trubner, 1898)

Hearn, Lafcadio, *Japan; An Interpretation* (New York, Macmillan, 1904) ***

Hearn, Lafcadio, *Out of the East* (Jonathan Cape, 1927)

Hendry, Joy, *Understanding Japanese Society* (Croom Helm, 1987)

Jacobs, Norman, *The Origins of Modern Capitalism and Eastern Asia* (Hong Kong Univ. Press, 1958)

Kaempfer, Engelbert, *The History of Japan* (Curzon Press, [1727] 1993) trans. J. G. Sheuchzer, 3 vols.

Koestler, Arthur, *The Lotus and the Robot* (Hutchinson, 1960)

Kondo, Dorinne, *Crafting Selves* (Univ. of Chicago Press, 1990)

Lebra, Takie Suiyama, *Japanese Patterns of Behavior* (Honolulu,

Univ. of Hawaii Press, 1976)

Lowell, Percival, *The Soul of the Far East* (Kegan Paul, Trench and Trubner, 1888)

Macfarlane, Charles, *Japan: An Account, Geographical and Historical* (New York, Putnam, 1852)

Maraini, Fosco, *Meeting with Japan* (Hutchinson, 1959), trans. Eric Mosbacher ***

Maraini, Fosco, *Japan; Patterns of Continuity* (Tokyo, Kodansha International, 1971)

Maraini, Fosco, *Tokyo* (Amsterdam, Time Life Books, 1978)

Maruyama, Masao, *Thought and Behaviour in Modern Japanese Politics* (Oxford Univ. Press, expanded edn, 1969), ed. Ivan Morris ***

Maruyama, Masao, 'The structure of *Matsurigoto*: the *basso ostinato* of Japanese political life', in *Themes and Theories in Modern Japanese History*, eds. Sue Henny and Jean-Pierre Lehmann (Athlone Press, 1988)

Maruyama, Masao, 'Proto-type, Old layer and *Basso ostinato*' in *The Collected Works of Maruyama Masao*, volume 12 (Tokyo, 1996), [This passage translated by Kenichi Nakamura]

Matsumoto, Michihiro, *The Unspoken Way: Haragei* (Tokyo, Kodansha, 1988)

Morris, Ivan, *The World of the Shining Prince* (Penguin, 1979)

Morse, Edward S., *Japan Day by Day* (Tokyo, Kobunsha, 1936), 2 vols. ***

Morse, Edward S., *Japanese Homes and Their Surroundings* (New York, Dover [1886], 1961)

Nakamura, Toshiko, 'Yukichi Fukuzawa's ideas on family and the history of civilization' [http://www.alanmacfarlane.com/TEXTS/toshiko_fukuzawa.pdf]

Nakane, Chie, *Japanese Society* (Pelican, 1973)

Nitobe, Inazo, *Bushido; The Soul of Japan* (Tokyo, Tuttle, [1905]

1969)

Ohnuki-Tierney, Emiko, *Illness and Culture in Contemporary Japan* (Cambridge Univ. Press, 1984)

Okakura, Kakuzo, *The Book of Tea* (Tokyo, Kodansha [1906], 1989)

Oliphant Laurence, *Narrative of the Earl of Elgin's Mission to China and Japan* (Blackwood, 1859), 2 vols.

Ozaki, Robert S., *The Japanese; A Cultural Portrait* (Tokyo, Tuttle 1978)

Passin, Herbert, 'Japanese Society' in *International Encyclopedia of the Social Sciences* (Macmillan, 1968)

Ratzell, Friedrich, *The History of Mankind* (Macmillan, 1896), trans A. J. Butler, 3 vols.

Reischauer, Edwin O., *The Japanese Today* (Tokyo, Tuttle, 1988)

Riesman, David, *Conversations in Japan* (Allen Lane, 1967)

Saikaku, Ihara, *The Japanese Family Storehouse* (Cambridge Univ. Press, [1688] 1969), trans. G. W. Sargent

Sansom, G. B., *The Western World and Japan* (Cresset Press, 1950)

Scidmore, Eliza R., *Jinrikisha Days in Japan* (New York, Harper, 1891)

Singer, Kurt, *Mirror, Sword and Jewel* (Tokyo, Kodansha, pb. edn, 1981) ***

Smith, Robert J., *Japanese Society* (Cambridge Univ. Press, 1983) ***

Sugimoto, Yoshio, *An Introduction of Japanese Society* (Cambridge Univ. Press, 2nd edn, 2003) ***

Tames, Richard (ed.), *Encounters with Japan* (Stroud, Alan Sutton, 1991)

Tanizaki, Junichiro, *In Praise of Shadows* (Tokyo, Tuttle [1933], 1974), trans. Thomas J. Harper and Edward G. Seidensticker ***

Thunberg, Charles Peter, *Travels in Europe, Africa and Asia* (London [1793], 3rd edn, 1796), 4 vols.

Tocqueville, Alexis de, *Memoir, Letters, and Remains of Alexis de Tocqueville* (Cambridge, Macmillan, 1961), 2 vols.

Tocqueville, Alexis de, *Journeys to England and Ireland* (New York, Anchor Books, 1968), ed. J. P. Mayer and translated by George Lawrence and J. P. Mayer

Van Meerdervoort, Pompe, *Five Years in Japan, 1857–1863* (Tokyo, Sophia Univ., 1970), trans. Elizabeth P. Wittermans and John Z. Bower

Van Wolferen, Karel, *The Enigma of Japanese Power; People and Politics in a Stateless Nation* (Tokyo, Tokyo, 1993)

Von Siebold, Philipp F., *Manners and Customs of the Japanese in the Nineteenth Century* (Tokyo, Tuttle, [1841] 1973), trans. Terence Barrow

Wigmore, John Henry (ed.), *Law and Justice in Tokugawa Japan* (Univ. of Tokyo Press, 1969)

Yamamura, Kozo (ed.), *The Cambridge History of Japan*, volume III (Cambridge Univ. Press, 1990)

Yapp, Peter (ed.), *The Travellers' Dictionary of Quotation* (Routledge and Kegan Paul, 1983)

Yoshino, Kosaku, *Cultural Nationalism in Contemporary Japan* (Routledge, 1992)

索　引

索引内所标页码为英文版页码，即中文版边码

译后记

"当爱丽丝进入奇境和穿越镜子的时候……"，是本书开篇第一句。

爱丽丝？对，当然是《爱丽丝漫游奇境》和《爱丽丝镜中游》的那个爱丽丝！显然，她在这里变成了艾伦·麦克法兰笔下的一个文化符号。麦克法兰选择这个家喻户晓的英国童话人物，用作贯穿全书的隐喻，甚至化为书名——《日本镜中行》，无疑暗示了一种打量日本的视角，表达了邂逅日本时的惊异之情或"文化震撼"，也预告了一个乍看起来"上下颠倒、左右满拧"的世界。

在一定程度上，麦克法兰确实以爱丽丝自况。他在开篇之后继续明言："当时的我，在许多方面酷似那位漫游镜中世界的爱丽丝——一个非常自信的英国中产阶级女孩。"（第4页）*那么，且让我们试着进一步分析这个隐喻。

此处似乎至少透露了三个信息：第一，麦克法兰将爱丽丝划归"中产阶级"，而耐人寻味的是，他曾在一系列著作中主张：构成英国社会之"脊梁"的正是中产阶级，英国之所以发展成为一个工业化的、个人主义的、资本主义的现代社会，与一个庞大的中产阶级

---

* 以下括号内标注页码为原书页码，即本书边码。

有着密不可分的关系（见其《英国个人主义的起源》、《资本主义的文化》等著作；尤见《给莉莉的信》，书中使用了另一部英国系列童话《指环王》中的毕尔博、弗罗多，作为中产阶级意象，恰如本书之使用爱丽丝），由此可见，爱丽丝的，亦即中产阶级的视角应当是一种颇具代表性的英国视角；第二，进入日本镜中世界以前，麦克法兰曾像爱丽丝一样"非常自信"，对于未来的发现"怀着十足的把握、信心和未经验证的推定"，跃跃欲试，只等着把日本套入他的分类范畴中的某一类了（第 4 页）；然而——第三，这位自信的爱丽丝仅仅是"当时的"麦克法兰，那时候，他刚刚进入镜中世界，正待探究，而尚未探究"一个严守的秘密"。他自己也没有料到，未来的十六年中，随着调查的层层深入，他渐渐扫清了来自"东方主义"和"日本人论"两个方向的迷雾（第 12—15 页），厘清了"镜面和镜内的差距"（第 214 页），最后，通过本书的写作，犹如抽丝剥茧一般，逐步披露了他所认为的日本社会的真实本质。

因此《日本镜中行》并非一次浅尝辄止的猎奇。从 1990 年麦克法兰以"英国文化协会杰出访问学者"的身份初探日本，到 2007 年本书出版，这是一位英国社会人类学家和历史学家多年磨一剑的结果。本书问世以前的十六年间，麦克法兰撰写了一连串以日本为论题的文章和著作，皆可视为《日本镜中行》的铺垫和先声。1990 年代他相继写出了《日本与西方》、《用英国之镜探照日本》、《劳动与文化：英格兰与日本之比较》、《日本的法律与习惯》、《福泽谕吉和丸山真男：怎样认知日本》等文章，无异于喷发之前的积蕴。尔后他又写出了《现代世界的形成》（2002 年）和《和平的野蛮战争》（2003 年）两部著作，前者通过比较英国思想家 F. W. 梅特兰和日本思想家福泽谕吉的观点，试图对人类世界的当前处境作出一种分析，后者通过比较日本和英国一千年来的生态、人口和物质生活，试图论述这两个岛国是如何逃离"马尔萨斯陷阱"的，显然，两部著作各有侧重。在此之后，才产生了《日本镜中行》，意味着对日本的一次全面和综合的讨论。

　　本书 2007 年在英国出版以来，当地好几家重要的平面或网络媒体迅速发表了书评，譬如，2007 年 8 月 19 日《泰晤士报·星期日版》指出："读者不一定全盘接受他那些或可争议的论点，……但一定会欣赏他对日本的分析和发现。当他记录自己如何在……困惑当中奋力发现真相的时候，他将广大读者也带入了魔镜。"2007年 8 月 31 日《独立报》分析说："以一段对'日本人论'的评价，麦克法兰一头扎进了深水池。……在此之后，他开始广泛论述他的主题，探索了日本的财富、人民、权力、思想、信仰等诸般问题。……初探日本的读者能在每一页读到妙趣横生的议论；更加熟悉日本著述的读者则能细细把玩本书的细节性描述——它们大部分来自麦克法兰丰富多彩的比较和一针见血的观察。"2007 年 10 月 11 日《新政治家》周刊赞扬道："最优秀的学者往往将一种特有的谦逊带入他们的著作，……剑桥大学杰出的人类学家艾伦·麦克法兰就是一例。……麦克法兰熟练地掌握并优雅地叙述了一大批异国的详细信息，……同时相当敏锐地记住了一个事实：镜子就在那儿摆着，他应该照照自己的先入之见和价值观，我们大家也应该更清楚地照照自己。"2007 年 10 月 22 日"电讯网"认为："麦克法兰采取了插曲式的叙述手段：拿起一个主题，譬如'财富'或'宗教'，然后为它写一个专章。由此，对日本文化感兴趣的人有了一部精彩纷呈的著作可读，希望访问日本的人则多了一本权威的指南。"

　　其他如《金融时报》(2008年2月16日；中文网2008年3月4日)、《日本时报网》(2007年10月7日)等等，也发表了洋洋洒洒的长文。除媒体以外，西方和日本的学界也有不少评论，大多认为本书富于启迪或发人深思。在此不一一列举。

　　麦克法兰的行文一向以简洁、流畅和优雅为特色，即使叙说高深的理论，也不佶屈聱牙，以致译者下笔往往颇费踌躇，唯恐失去了原有风格。在这些特点之外，字里行间也不时迸发一种英国式的不动声色的幽默，例如第35页论及别具一格的日本沐浴："洗澡的地点……应当尽可能靠近大自然，换句话说就是洗露天澡，……光天化日下洗澡。"第39页论及日本人天真自然的生活态度："人类在伊甸园堕落了的消息，那里的男男女女似乎毫不知晓，这令外国观察家又惊又喜。"第75页论及日本人对第一人称代词的回避："在一场对话中，竟无法毫不含糊地解决谁是自己、谁是对方的问题。'我'和'你'互相交织，谁是谁要看情况而定。"第156页论及日本人语焉不详的说话特点："日本人出于不爱扔东西的习惯，把语法库里的一大堆语言工具雪藏起来，舍不得使用。"诸如此类，点缀其间，缓解了阅读学术著作的滞涩感。

　　本书另一个令人印象深刻之处，是五彩缤纷的借喻，例如第46页论及日本人喜欢创造人工大自然的原因："原来这人造自然是一艘象征性的木筏，日本人乘着它颠簸于生态、政治、情感的怒海，便可以安然穿越那合围的乱象。"第47—48页论及自然与文化的不分疆界："木、石、花、水，都在表达和象征某种非人类力量，构成了一片我以前只在童话故事和华兹华斯、济慈、叶芝的诗中遇到过的魔土。这是地球上最后的仙境，却不需要迪斯尼公司来创造。"第 219 页出现了一个议论日本社会基本性状的关键比喻："恰如轴心时代降临以前的所有社会，日本至今缺失一个个的水密隔间，它更像一条携着一道道涡流的奔腾大河，或者一匹交织着各种颜色的花布。"第 229 页一连涌现了好几组比喻，表现了一个自相矛盾的日本："有时候，日本显得如此美丽迷人，而且意味深长，仿佛让我们回到了天堂、伊甸园、童年和安全港，满足了我们对失乐园、天堂、亚特兰蒂斯、圣杯之地、迷境仙踪的向往。紧接着，当我们从梦中醒来，日本却像是一片野蛮、幼稚、因循、好斗的国土，它如此滞重、黏着、退化，是一个陷阱，是一支塞壬的歌，诱使启蒙和理性之船沉没海底。"所有这些跃动的意象，帮助或简炼了艰深而枯燥的理论铺述。

中国读者何以对《日本镜中行》感兴趣？如果确有理由感兴趣，那么第一个理由或许是：日本与中国有着不言而喻的关联。麦克法兰发现，许多西方学者将历史上的日本视为一个"小中国"，他自己也曾认为日本或多或少是中国的缩影，认为在大部分历史时期，日本使用着与汉语大致相同的语言，拥有与中国相似的艺术和美学、相似的家庭体系、相似的宗教、相似的农业和饮食、相似的建筑风格，认为中日两国都实行过帝制，直到近代两国才各奔东西（第 1页）。鉴于中国和日本不仅是一衣带水的邻邦，而且同属汉字文化圈，所以麦克法兰奉献了大量篇幅，讨论中国作为一种轴心文明，给日本带来的巨大而深远的影响，同时也花费了不少笔墨，客观地比较中日两国在哲学、宗教、艺术、家庭体系、财产权、婚俗、儿童教育等方面的差异。这些关于中国的论说，大概可以构成对中国读者的特殊吸引力。

　　第二个理由或许关乎本书的一个大宗旨，即探寻一种与西方并列的道路。麦克法兰指出："我们继承的模式正受到严峻的质疑，许多人正在寻找一种既能带来经济富裕，又能带来生活意义的哲学。我们不可能照搬日本的解决之道，不过日本确实证明：另一种并列的选择是存在的，历史尚未终结。"（第225页）经过进一步分析，他再次强调，日本道路"成为了另一种并列的选择。……以一种不同的方式构造社会，日本堪称一场迷人的实验"（第225页）。在这一点上，他甚至直接以中国为诉求对象："短短几百年的西方优势之后，世界的重心正在回归亚洲，此时此刻，抓住机会逃离西方文化的种种设定尤为重要。印度，特别是中国，已经加入世界新秩序的建构，必须有更多的模式供这些国家考虑。……印度和中国可以从这样一个文明学习经验：它在西方的游戏——资本主义生产——中与西方打了个平手，但是拒绝屈从于压力而抛弃本文化的核心价值。"（第226页）如果说日本道路确实存在，而且在某种意义上确实具有普世的借鉴性，中国读者也就能找到某些参考价值。

　　第三个理由或许是学术上或思想上的理由。一个西方学者能否完全挣脱西方藩篱，客观而公正地论述日本这样一个东方国家？在英国日本学家巴兹尔·霍尔·张伯伦写出《日本事物》、美国人类学家鲁思·本尼迪克特写出《菊与刀》、法国哲学家罗兰·巴特写出《符号帝国》、美国社会学家罗伯特·贝拉写出《想象日本》以后，麦克法兰的《日本镜中行》有什么独到的学术或思想价值？这正是有待中国读者掩卷之后回答或争议的问题。

　　艾伦·麦克法兰是英国著名社会人类学家和历史学家，历任英国剑桥大学社会人类学教授、剑桥大学国王学院院士、英国学术院院士、欧洲学术院院士、英国皇家人类学研究院院士、英国皇家历史学会会员、英国社会人类学会会员。他的研究范围非常广泛，涵盖历史、法律史、历史人口、人类学、社会学，以及数字和视觉媒体。早年毕业于牛津大学以后，他进入剑桥大学任教，同时在英国、尼泊尔喜马拉雅地区、日本等地开展实地研究，在此基础上，迄今共完成了二十一部著作，包括《英国个人主义的起源》(商务印书馆中译本，2008 年)、《给莉莉的信》(商务印书馆中译本，2006 年)、《玻璃的世界》(商务印书馆中译本，2003 年)、《都铎和斯图亚特王朝英格兰的巫术》、《资本主义的文化》、《现代世界的形成》、《和平的野蛮战争》等等，堪称多产。其中，1978 年初版于牛津布莱克韦尔出版社的《英国个人主义的起源》为他树立了很高的声望，被认为在西方知识界引发了一场意义深远的革命，"不仅为史学奠定了一套新的基础，而且清除了史学界最近一个世纪树立的某些伪上层建筑"(英国《新政治家》周刊)。麦克法兰的多种著作已被译成法文、德文、西班牙文、日文、韩文等文字，在几十个国家出版。《日本镜中行》目前已有译本在法国和芬兰面世。而且，他的研究成果是以多种形式行世的，除专著和论文以外，也不乏影视和网络作品。

　　近年来，麦克法兰将一部分研究兴趣转向了中国，多次来访，并以讲学等方式与中国学界交流。可以想象，当他在自家花园里那条"思想之路"上缓缓地踱步时，他的思绪或许远远地翱翔到了北京、上海、云南、四川。当他在国王学院他的那间办公室里，向着经济学泰斗凯恩斯的那只旧衣柜好奇地探望时，他或许看见了另一番东方奇景，说不定会像他的英国学术前辈刘易斯·卡洛尔一样，

写出一部爱丽丝，或者像另一位前辈 C.S. 刘易斯一样，写出一部纳
尼亚——当然都是中国版。

译者

2009 年于北京